双元制本土化项目成果教材

校企合作
产教融合型课程改革教材

新能源汽车构造与检修

主　编◎杨宗平　鲁守卿
副主编◎熊如意　何为　刘飞

同济大学出版社
·上海·

内 容 提 要

本书为高等职业教育新能源汽车技术专业教材。全书分为7个模块，主要内容包括高压安全防护、高压系统的结构与检修、动力电池系统的结构与检修、驱动系统的结构与检修、高压电控系统的结构与检修、充电系统的结构与检修及辅助电气系统的结构与检修。

本书以完整工作过程和行为导向教学要求为基础，开发了以信息、计划、决策、实施、控制、评价六步法为行为导向的教学工作页，内容通俗易懂、深入浅出，可作为高等职业院校新能源汽车技术专业教学用书，也可作为新能源汽车相关技术人员的培训及自学指导用书。

图书在版编目(CIP)数据

新能源汽车构造与检修 / 杨宗平,鲁守卿主编；熊如意,何为,刘飞副主编 . -- 上海：同济大学出版社, 2025.1. -- ISBN 978-7-5765-1453-7

Ⅰ.U469.7

中国国家版本馆 CIP 数据核字第 2024B2G523 号

新能源汽车构造与检修

主　编	杨宗平　鲁守卿	副主编	熊如意　何　为　刘　飞
策划编辑	府晓辉	责任编辑　任学敏	助理编辑　韩　青　　责任校对　徐逢乔　　封面设计　渲彩轩

出版发行	同济大学出版社　www.tongjipress.com.cn
	（地址：上海市四平路1239号　邮编：200092　电话：021-65985622）
经　　销	全国各地新华书店
印　　刷	苏州市古得堡数码印刷有限公司
开　　本	787mm×1092mm　1/16
印　　张	13.75
字　　数	489 000
版　　次	2025年1月第1版
印　　次	2025年1月第1次印刷
书　　号	ISBN 978-7-5765-1453-7
定　　价	59.00元

本书若有印装质量问题，请向本社发行部调换　　　　　版权所有　侵权必究

编委会

主　编　杨宗平　鲁守卿

副主编　熊如意　何　为　刘　飞

参　编　王　宏　韩晓庆　余　乐

主　审　谢　楠

前 言

本书是由重庆交通职业学院与重庆金皇后新能源汽车制造有限公司（前程汽车）合作，基于前程汽车·新能源汽车技术人才跨企业培训中心开发的双元制本土化学习领域课程改革开发的教材，体现了校企合作和产教融合的理念，旨在培养学生在新能源汽车检修领域的创新能力与实践技能。本书基于新能源汽车技术人员岗位工作任务特点，以完整工作过程和行为导向教学要求为基础，开发了以信息、计划、决策、实施、控制、评价六步法为行为导向的教学工作页。它与学科知识模块相结合，形成了"知识库+工作页"的工作过程系统化的学习资源，实现了理论知识、实践技能、综合职业能力的多维整合，将工作实践与理论学习有机地结合在一起。

本书的编者包括重庆交通职业学院和前程汽车有限公司的专家，基于"前程汽车·新能源汽车技术人才跨企业培训中心平台"，共同致力于为读者提供全面、深入、实用的教学资源。本书内容涵盖了高压安全防护、高压系统的结构与检修、动力电池系统的结构与检修、驱动系统的结构与检修、高压电控系统的结构与检修、充电系统的结构与检修、辅助电气系统的结构与检修的知识。内容通俗易懂、由浅入深，从基础到实践，旨在帮助学生全面掌握新能源汽车技术的理论与实践技能。

本书由道简优行·自动驾驶汽车技术人才跨企业培训中心负责人、全国机械职业教育指导委员会能源装备制造技术专业指导委员会委员杨宗平，前程汽车·新能源汽车技术人才跨企业培训中心鲁守卿任主编，重庆交通职业学院熊如意、何为、刘飞任副主编，王宏、韩晓庆、余乐担任参编，同济大学谢楠任主审。同时，在编写本书过程中还得到了重庆交通职业学院以及其他相关领域的专家的指导，确保了本书内容的准确性和全面性。

本书可以助力读者掌握先进技术，培养创新精神，为我国新能源汽车技术的发展贡献自己的力量。同时，我们也希望本书能够为全国范围内的高等职业院校提供借鉴与参考。通过校企合作，结合本土产业，开发符合实际需要的本土化教材，是当前教育改革的一个重要方向。我们愿意与各位同仁分享我们的经验和教训，共同促进教育事业的繁荣与进步。

最后，衷心感谢所有参与本书编写的专家、教师、企业代表的辛勤努力和支持。欢迎读者提出宝贵意见和建议，帮助我们不断改进，使本书更好地服务于教育事业和产业发展。

编　者

2025 年 1 月

目 录

前　言	001
绪论	001

学习模块 1　高压安全防护　011

基础知识	高压安全防护用具的使用	011
学习情景	心肺复苏操作流程	014

学习模块 2　高压系统的结构与检修　025

基础知识	常用绝缘测试工具的使用	025
学习情景 2.1	新能源汽车高压断电操作	031
学习情景 2.2	高压系统绝缘故障检测	039
学习情景 2.3	高压线束与高压部件的认知与检修	051

学习模块 3　动力电池系统的结构与检修　063

基础知识 3.1	动力电池的结构	063
基础知识 3.2	动力电池管理系统	071
学习情景 3.1	动力电池的更换	076
学习情景 3.2	动力电池系统故障检修	086

学习模块 4　驱动系统的结构与检修　097

基础知识 4.1	驱动电机的认知	097
基础知识 4.2	驱动电机及控制系统结构原理	105
学习情景	驱动电机及控制系统故障检修	111

学习模块 5　高压电控系统的结构与检修　125

基础知识	整车控制系统的认知	125
学习情景 5.1	高低压转换系统的检修	129
学习情景 5.2	高压互锁系统的原理与检修	138
学习情景 5.3	CAN 总线系统的检修	146
学习情景 5.4	整车高压系统的检修	155

学习模块 6　充电系统的结构与检修　167

基础知识	充电及供电系统的认知	167
学习情景 6.1	快充与慢充系统结构的原理与检修	171
学习情景 6.2	电动汽车的充电操作	180

| 学习模块 7 | 辅助电气系统的结构与检修 | 191 |

基础知识　电动汽车空调控制系统
　　　　　与暖风系统的认知　　191

学习情景　电动汽车制冷与
　　　　　制热系统的原理
　　　　　与检修　　　　　196

参考文献　　　　　　　　　　210

绪　论

学习目标

知识目标：
1. 了解新能源汽车的概念。
2. 了解新能源汽车的发展趋势。
3. 熟悉新能源汽车的类型和优缺点。
4. 熟悉新能源汽车的基本结构。

能力目标：
1. 能够明确新能源汽车的定义。
2. 能够掌握新能源汽车的类型。
3. 能够掌握新能源汽车的结构。

素养目标：
1. 通过提问方式，提升学习能力。
2. 通过实践操作，树立安全第一意识。
3. 通过课后复习，提高知识迁移能力。
4. 能够考虑安全与环保因素，遵守工位 5S 与安全规范。

绪论　微课视频

知识导航

1. 新能源汽车概述

在能源危机和环境污染的双重压力下，各国政府都在为新能源汽车发展提供各种政策支持，能源安全同样一直是我国政府部门所关注的重点。近年来，随着电池技术的突破和政策的推动，新能源汽车产业得到了快速发展。新能源汽车的普及不仅有助于减少环境污染、缓解能源压力，还能推动汽车产业的技术创新和转型升级。未来，随着技术的进步和市场的扩大，新能源汽车将在交通领域发挥越来越重要的作用。

据中国汽车工业协会统计，2023 年我国新能源汽车的产销量分别达到了 958.7 万辆和 949.5 万辆，同比分别增长 35.8% 和 37.9%。市场占有率更是达到了 31.6%，高于上年同期 5.9 个百分点，连续 9 年位居全球第一。其中，新能源汽车销量占汽车销量的 34.7%，即每卖出三辆车,就有一辆是新能源车。

在新能源汽车的类型中,纯电动汽车销售 668.5 万辆,同比增长 24.6%;插电式混合动力汽车销售 280.4 万辆,同比增长 84.7%;燃料电池汽车销售 0.6 万辆,同比增长 72%。

依照中华人民共和国工业和信息化部 2020 年 8 月 19 日发布的修订后的《新能源汽车生产企业及产品准入管理规定》,新能源汽车是指采用新型动力系统,完全或者主要依靠新型能源驱动的汽车,包括插电式混合动力(合增程式)汽车、纯电动汽车、燃料电池汽车等。

2. 新能源汽车的发展

新能源汽车的发展历程可以追溯到 19 世纪中期,当时电动汽车已初步出现。然而,由于电池技术的限制,电动汽车在初期并未得到广泛应用。随着科技进步,20 世纪初,新能源汽车开始迎来发展的黄金时期,与燃油车、蒸汽车形成竞争。但由于燃油车技术的成熟和成本降低,新能源汽车随后进入了一段低谷期。直到 20 世纪 90 年代,随着电池技术的突破,新能源汽车再次获得关注。特别是进入 21 世纪后,各国政府加大对新能源汽车的推广力度,纯电动汽车、混合动力汽车等类型的新能源汽车开始大规模应用。如今,新能源汽车已成为汽车产业的重要发展方向,不仅有助于环保和节能,还推动了汽车产业的技术创新和转型升级。

3. 新能源汽车的分类

新能源汽车包括纯电动汽车、插电式混合动力汽车、燃料电池电动汽车、氢动力汽车及其他新能源汽车等。

1)纯电动汽车

纯电动汽车(Battery Electric Vehicle,BEV)是一种采用单一蓄电池作为储能动力源的汽车,它利用蓄电池作为储能动力源,通过电池向电动机提供电能,驱动电动机运转,从而推动汽车行驶。纯电动汽车零排放、噪声小、经济节能且易维护,符合道路交通、安全法规等各项要求,对环境影响较小,具有广阔的发展前景。纯电动汽车由电源及其管理系统、驱动电机及其控制系统、行驶装置、转向装置、制动装置及特定功能的系统(如空调系统)等组成。纯电动汽车的其他装置基本与内燃机汽车相同。

2)插电式混合动力汽车

混合动力汽车(Hybrid Electrical Vehicle,HEV)是指由两种或两种以上不同类型的动力源联合驱动的汽车,其行驶动力依据车辆行驶状态由单个动力源单独或多个动力源共同提供。通常所说的混合动力汽车一般指的是油电混合动力电动汽车,也就是插电式混合动力汽车。它的特点鲜明,搭载了内燃机和电机两种驱动力,可灵活分配动力输出来源,提高燃油效率并降低尾气排放。同时,其发动机和电机动力互补,既具备燃油车的动力性,又兼具电动车的环保性,展现出优异的综合性能。

增程式电动汽车(Extended-Range Electric Vehicle,EREV)是一种串联插电式混合动力汽车,它的工作原理与电动汽车相似,不同的是增程式电动汽车在车身中配有一个汽油或柴油发动机,在增程式电动汽车电池电量过低的情况下,驾驶员可以利用这个发动机为增程式电动汽车补充电量。这种设计使得增程式电动汽车既具备纯电动汽车的环保性,又克服了续航里程短的局限。此外,增程式电动汽车还具有结构简单、易于维修保养、易于实现产业化等优点。

3) 燃料电池电动汽车

燃料电池电动汽车(Fuel Cell Electric Vehicle, FCEV)是一种新型环保汽车,它以氢气或甲醇等为燃料,通过燃料电池与氧气发生化学反应产生电能,进而驱动汽车前进。这种汽车最大的特点在于其零排放,反应过程中只产生水蒸气,对环境无污染。同时,燃料电池电动汽车具有高能量转换效率,其能量转换效率远高于传统内燃机,使得汽车行驶更加经济高效。此外,燃料电池电动汽车还具有快速加注和长续航里程的优势,能够满足日常城市驾驶的需求。然而,燃料电池成本及使用成本(氢)也高昂。

4) 氢动力汽车

氢动力汽车是以氢为主要能量来源,通过氢燃料电池或氢内燃机技术,将氢转化为动力,推动汽车行驶。氢燃料电池汽车利用氢与氧在燃料电池中的化学反应产生电力,驱动电动机工作,实现零排放,对环境友好。而氢内燃机汽车则采用类似传统内燃机的方式,通过燃烧氢气来提供动力。氢动力汽车具有高效、环保、可持续等优点,是未来汽车发展的重要方向之一。随着技术的不断进步和成本的降低,氢动力汽车有望在未来得到更广泛的应用。但是,目前氢供应基础设施不完善。

5) 其他新能源汽车

其他新能源汽车包括燃气汽车、甲醇汽车、空气动力汽车、飞轮储能汽车和超级电容汽车等。

4. 纯电动汽车的结构

1) 电力驱动系统

电动汽车经常采用的驱动电机有直流电机、异步电机、永磁同步电机和开关磁阻电机4类。目前市面上的主流电动汽车所采用的电机是永磁同步电机和异步电机。电动汽车的典型结构如图0-1所示。

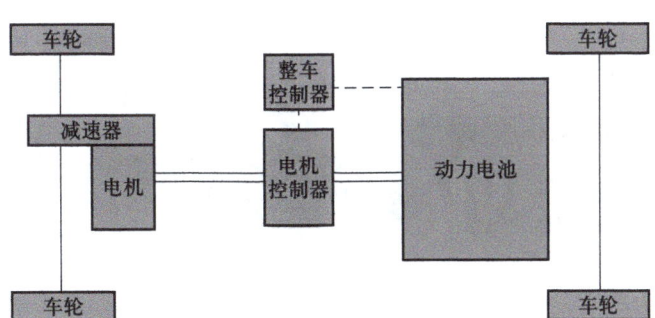

图0-1 电动汽车的典型结构

2) 电源系统

电源系统主要包括动力电池组、电池管理系统、车载充电机及辅助动力源。从结构角度上讲,电动汽车所采用的电池可分成蓄电池和燃料电池两类,目前所见的绝大多数电动车采用化学蓄电池技术进行驱动。

3)整车控制系统

电动汽车整车控制系统是电动汽车的"大脑",由各子系统构成,每个子系统一般由传感器、信号处理电路、电控单元、控制策略、执行机构、自诊断电路和指示灯组成。不同类型的电动汽车的整车控制系统存在一些区别,但总体来说一般包括电池管理系统、再生制动控制系统、电机驱动控制系统、电动助力转向控制系统及动力总成控制系统等。各子系统的功能不是简单的叠加,电动汽车是通过综合各子系统的功能来实现控制的,这些控制系统汇总到一个控制箱中,一般称为整车控制器。

4)辅助系统

辅助系统包括车载信息显示系统、动力转向系统、导航系统等。电动汽车借助辅助系统来提高自身操纵性和乘员的舒适性。

5. 典型电动汽车结构

以北汽 EV160 纯电动汽车(以下简称北汽 EV160)为例介绍电动汽车各组成部件,其外观和主要动力系统分别如图 0-2、图 0-3 所示。

图 0-2　北汽 EV160 外观

图 0-3　北汽 EV160 主要动力系统

1)动力电池

动力电池安装于汽车底盘中,如图 0-4 所示。

2)蓄电池管理系统

蓄电池管理系统(Battery Management System,BMS)是电池保护和管理的核心部件。在动力电池系统中,BMS 的作用就相当于人的大脑,如图 0-5 所示。

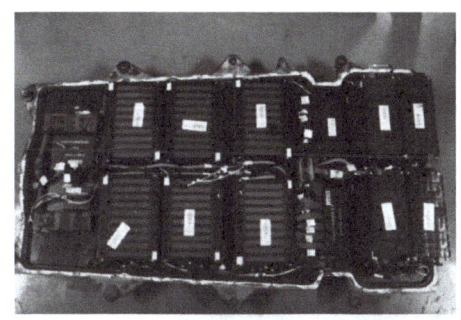

图 0-4 动力电池

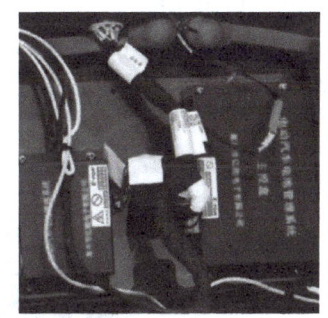

图 0-5 蓄电池管理系统（BMS）

3）动力系统

北汽 EV160 的动力系统包括驱动电机（图 0-6）和传动系统（图 0-7）。传动系统采用两级减速器。

图 0-6 北汽 EV160 驱动电机

图 0-7 北汽 EV160 传动系统

4）整车控制器

在整车控制系统中，整车控制器配合其他子系统控制器，完成车辆运行过程中能量流动的控制，如车辆加速和减速、能量回收等。此外，还需要对整车所有用电器进行控制，以保证车辆的正常运行。北汽 EV160 的整车控制器如图 0-8 所示。

图 0-8 北汽 EV160 整车控制器

5）高压配电系统

高压配电系统包括高压控制盒、电机控制器、车载充电机、DC/DC 转换器及各种线束等。北汽 EV160 高压配电系统如图 0-9 所示。

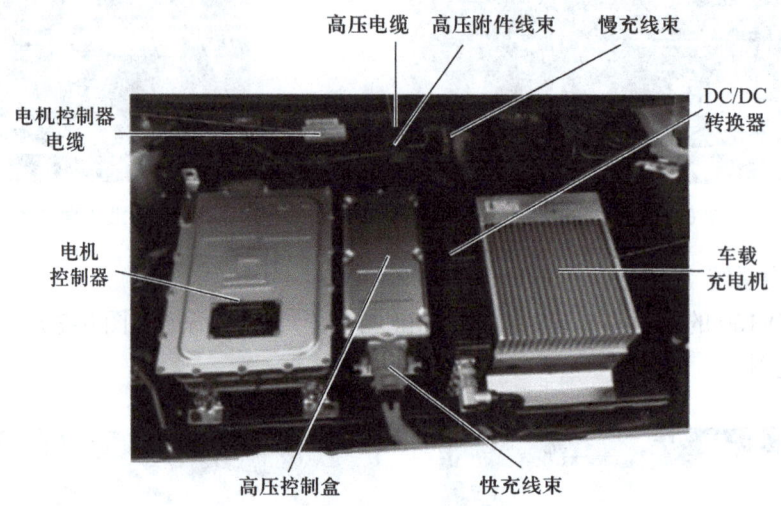

图 0-9　北汽 EV160 高压配电系统

6）电动助力转向系统

电动助力转向（Electric Power Steering, EPS）系统由转矩传感器、电子控制单元（简称电控单元）及助力电机组成，北汽 EV160 的 EPS 系统如图 0-10 所示。

图 0-10　北汽 EV160 电动助力转向（EPS）系统

7）制动系统

纯电动汽车的制动系统包括 ABS 和制动真空助力系统。真空助力系统由 12 V 直流电驱动的制动真空泵（图 0-11）产生真空。

8）空调制冷系统与暖风系统

北汽 EV160 的空调制冷系统原理与传统车类似，但系统采用电动压缩以对制冷剂进行压缩。其空调暖风系统与传统车不同，采用 PTC 加热器对空气进行加热，如图 0-12 所示。

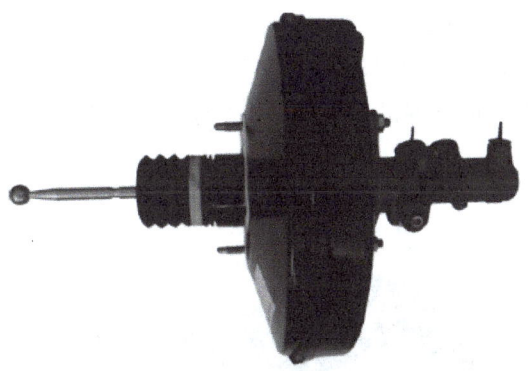

图 0-11　北汽 EV160 制动真空泵

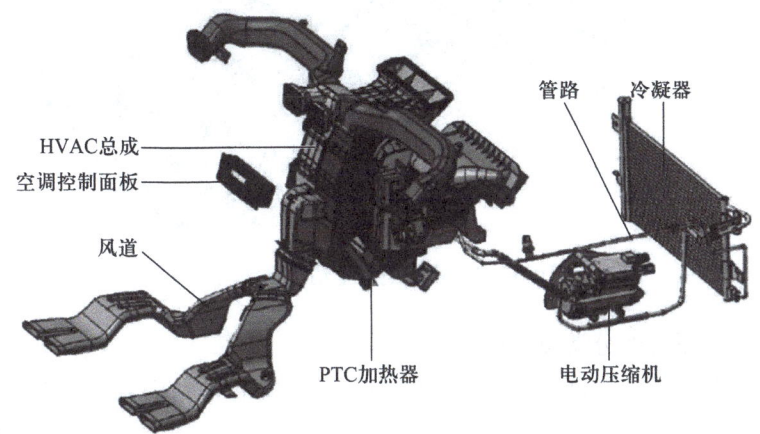

图 0-12　北汽 EV160 空调制冷系统与暖风系统

6. 其他新能源汽车的结构

1）增程式电动汽车的结构

增程式电动汽车是当车载可充电储能系统（On-board Rechargeable Energy Storage System，REESS）能够提供电能时，以纯电动汽车模式运行，同时带有一个仅当 REESS 能量不足时启动工作的附加能量装置的车辆。增程式电动汽车是当前电动汽车主要的发展方向，其结构如图 0-13 所示。

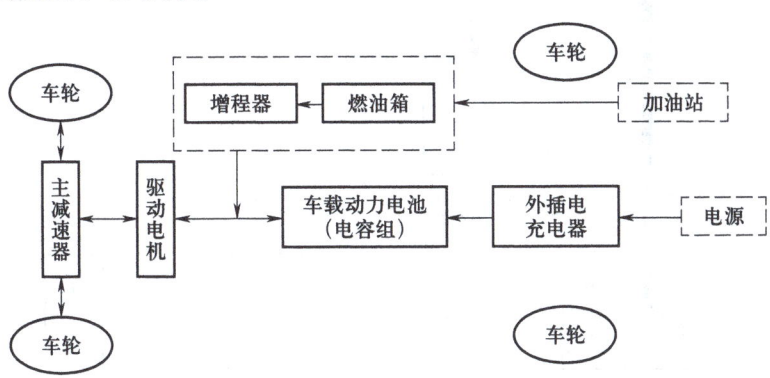

图 0-13　增程式电动汽车结构

2）燃料电池电动汽车的结构

燃料电池电动汽车没有传统汽车的发动机、油箱等结构,取而代之的是燃料电池堆、高压氢罐、电动机、超大容量电容机(一般采用锂离子蓄电池)及其附属器件等,其结构如图 0-14 所示。

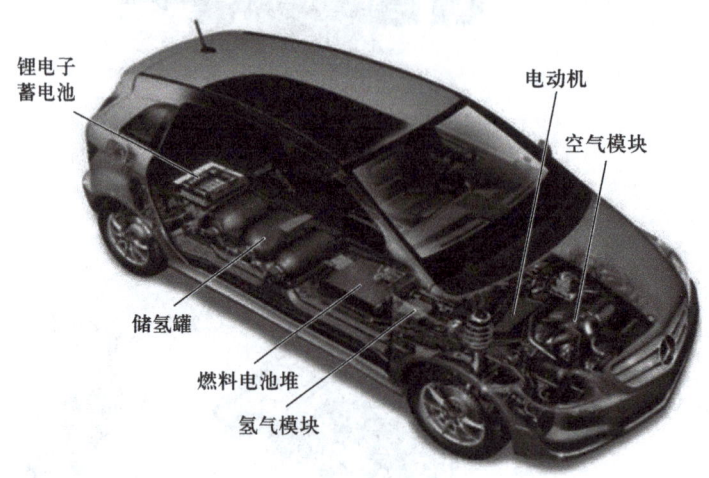

图 0-14　燃料电池电动汽车结构

3）混合动力系统的分类及结构

按混合方式可分为串联式混合动力系统、并联式混合动力系统、混联式混合动力系统。

（1）串联式混合动力系统

在串联式混合动力系统中,车辆的驱动仅仅是由驱动电机来单独完成的,动力电池的电能来自外部电源和内燃机。串联式混合动力系统的动力传递方式如图 0-15 所示。

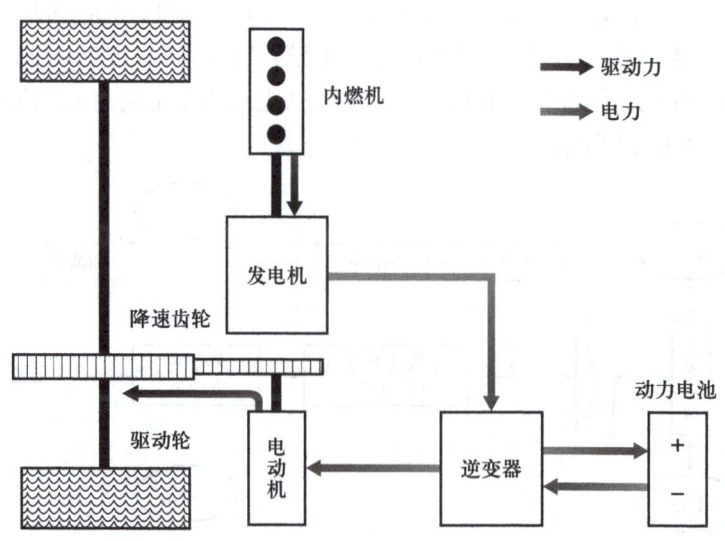

图 0-15　串联式混合动力系统的动力传递方式

（2）并联式混合动力系统

在并联式混合动力系统中，车辆的驱动是由内燃机和驱动电机组合完成的。动力电池获取电能的途径是内燃机的充电及能量回收。并联式混合动力系统的动力传递方式如图 0-16 所示。

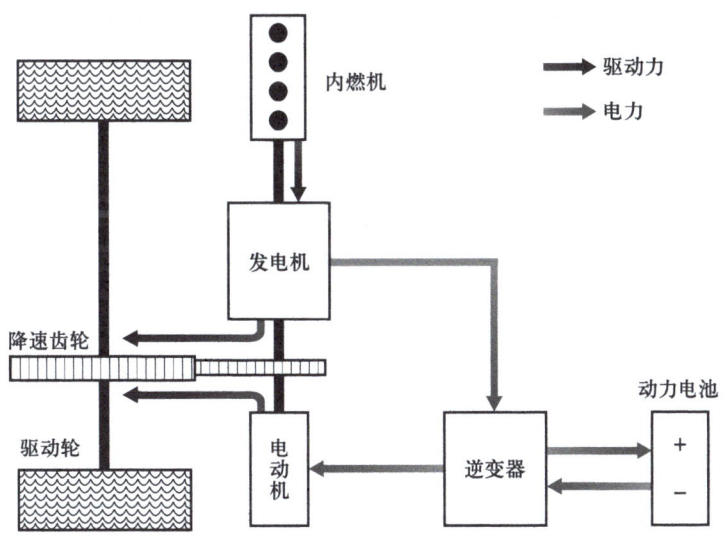

图 0-16　并联式混合动力系统的动力传递方式

（3）混联式混合动力系统

混联式混合动力系统又称串并联式混合动力系统，因为这类系统是集合了串联式和并联式混合动力系统的优点而设计的，其动力传递方式如图 0-17 所示。与串联式混合动力系统相比，混联式混合动力系统主要增加了机械动力传递线路；与并联式混合动力系统相比，混联式混合动力系统增加了电力驱动传输线路。

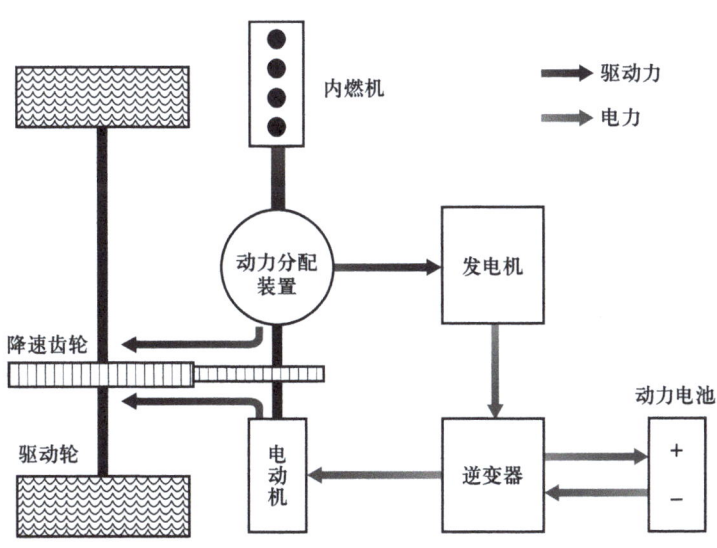

图 0-17　混联式混合动力系统的动力传递方式

复习提高

简答题

1. 什么是新能源汽车?

2. 结合实际谈谈混合动力汽车的特点有哪些。

3. 什么是纯电动汽车?它具有哪些结构?

学习模块 1
高压安全防护

基础知识　高压安全防护用具的使用

学习目标

知识目标：
1. 熟悉高压安全防护的措施和用品。
2. 掌握高压安全防护的操作要点。

能力目标：
1. 能够正确使用高压安全防护用品。
2. 能够遵守高压安全防护的操作规范。

素养目标：
1. 通过提问方式，提升学习能力。
2. 通过实践操作，树立安全第一意识。
3. 通过课后复习，提高知识迁移能力。
4. 能够考虑安全与环保因素，遵守工位 5S（整理 Seiri、整顿 Seiton、清扫 Seiso、清洁 Seiketsu、素养 Shotsuke）与安全规范。

学习模块 1　微课视频

知识导航

高压安全防护用品包括绝缘鞋、绝缘帽、护目镜、绝缘手套、绝缘地毯、绝缘工具、安全警示带、高压电警示牌等。

1. 绝缘鞋

绝缘鞋（图 1-1）是辅助安全用品，有多种型号，通常适用于交流 50 Hz、1 000 V 以下或直流 1 500 V 以下的电力设备检修工作。每次使用前，应检查绝缘鞋是否有磨损、破损、变形等情况，如有以上情况，应立即停止使用。

2. 绝缘帽

绝缘帽（图 1-2）是指具备电绝缘性能的安全帽，绝缘帽上会有"D"字母标记。使用绝缘帽前应进行外观检查：帽壳无龟裂、凹陷、裂痕或严重磨损；帽箍、顶衬、下颚带、后扣（或帽箍扣）等组件完好无损；帽壳与顶衬的缓冲空间在 25～50 mm。每年应对绝缘帽进行一次工频耐压试验，不合格应立即报废。绝缘帽只要受过一次强力的撞击，就无法再次有效吸收外力，即不能继续使用。

图 1-1　绝缘鞋

图 1-2　绝缘帽

3. 护目镜

护目镜（图 1-3）又称安全防护眼镜，是一种能起到特殊防护作用的眼镜，可根据使用场合选择合适的眼镜，使用护目镜前应进行外观检查：镜片无裂痕或严重磨损，张紧带无老化；镜架、镜腿连接可靠。外观检查不合格应立即报废。

4. 绝缘手套

绝缘手套（图 1-4）是一种由橡胶制成的五指手套，主要用于电工作业，起到对手或人体的保护作用。需要根据所操作电压范围选择适当等级的绝缘手套，并在使用前进行外部检查，确保手套表面无磨损、破漏、划痕等缺陷。绝缘手套的清洁也非常重要，可以使用温和的肥皂水或专业清洁剂来清洁，但要避免使用腐蚀性或破坏绝缘材料的清洁剂。每半年应对绝缘手套进行一次工频耐压试验，不合格应立即报废。

图 1-3　护目镜

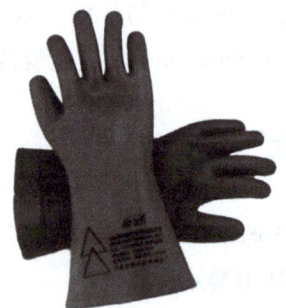

图 1-4　绝缘手套

5. 绝缘地毯

绝缘地毯（图 1-5）又称绝缘垫、绝缘垫胶板，是由绝缘性能优良的橡胶制成的，适用于各种电工作业场所。使用绝缘地毯前应进行外观检查，应无油污、潮湿、孔洞、割裂、破损、金属粉末附着、厚度减薄等问题。每年应对绝缘地毯进行一次工频耐压试验，不合格应立即报废。

6. 绝缘工具

绝缘工具（图1-6）是电力行业中不可或缺的安全工具，其正确使用和维护对于保障工作人员的人身安全至关重要。使用绝缘工具前应进行外观检查，应无油污、潮湿、松动、裂纹、露金、断裂、损伤等问题。

图1-5 绝缘地毯

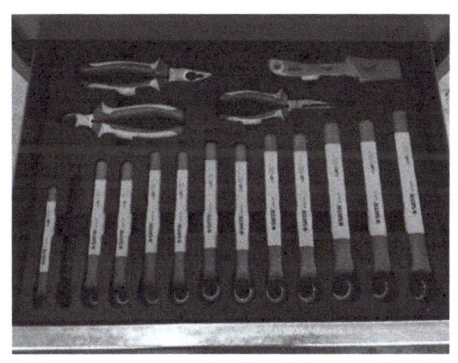

图1-6 绝缘工具

7. 安全警示带

安全警示带（图1-7）又称安全隔离带，主要有塑料和涤纶布两种材质。安全警示带常用于施工地段、危险地段、交通事故以及突发事件的隔离，在检修新能源汽车时可用于圈定操作场地，起到提醒他人注意安全防范的作用。

8. 高压电警示牌

在高压电气系统的检修作业场所放置的高压电警示牌（图1-8）是保证工作人员安全的主要措施之一，起到安全警示作用，避免或减少安全事故的发生。张贴、悬挂的高压电警示牌应外观清洁、平整牢固。移动式高压电警示牌置于电气部件壳体周边，不得使用金属导电材料。

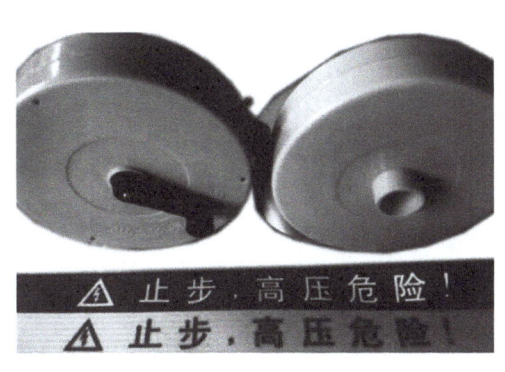

图1-7 安全警示带

图1-8 高压电警示牌

复习提高

简答题

1. 新能源汽车作业前应做好个人高压安全防护工作,请说明具体的防护要点。

2. 请说明绝缘手套外观检查的要点。

3. 请说明绝缘眼镜外观检查的要点。

学习情景　心肺复苏操作流程

学习目标

知识目标:
1. 了解电流对人体的危害。
2. 了解触电的预防方法。
3. 熟悉触电伤员脱离电源后的处理方法。
4. 掌握触电的急救方法。

能力目标:
1. 能够正确完成触电急救操作。
2. 能够正确完成心肺复苏操作。

素养目标:
1. 通过提问方式,提升学习能力。
2. 通过实践操作,树立安全第一意识。

3. 通过课后复习,提高知识迁移能力。
4. 能够考虑安全与环保因素,遵守工位 5S 与安全规范。

知识导航

1. 触电对人体的危害

电能做功的多少与电流的大小、电压的高低、通电时间长短都有关系。加在电器上的电压越高,通过的电流越大,通电时间越长,电流做功越多。对任何可以形成电流回路的物质都会和电能进行能量的转换,因此如果有电压施加于人体就会有相应的电流从人体中流过,对人体造成不同程度的伤害。

1)电流对人体的伤害

电流对人体的伤害形式主要包括电击伤、电热灼伤、闪电损伤等。

(1)电击伤

当电流进入人体时,会刺激人体内部组织,如果电流足够大,刺激强度足以引起组织损伤,从而导致电击伤。轻者可能出现惊吓、心悸、面色苍白、头晕、浑身无力等症状;重者可能出现昏迷、休克、心律失常等症状,甚至发生呼吸停止和死亡。

(2)电热灼伤

电流通过人体时会产生热能,从而导致皮肤和组织温度升高,造成组织受损和坏死。这种灼伤通常表现为皮肤出现红肿、烧灼痕迹,严重时可能导致皮肤破溃、坏死,形成明显的创面,创面多呈椭圆形,中间损伤严重,颜色多为焦黄色,还有可能导致全身烧伤。

(3)闪电损伤

当人被闪电击中时,心跳和呼吸可能会立即停止,并伴有心肌损伤,皮肤血管收缩成网状图案。

除了上述伤害外,电流还可能对神经、心脏甚至脑部造成损伤。电流通过神经系统时,会导致神经损伤,表现为感觉异常、肌肉无力、痉挛、麻木等症状。电流通过心脏时,会干扰心脏的正常节律,可能导致心脏停止跳动,表现为突然晕倒、无意识状态,没有呼吸和脉搏。电流通过膈肌和呼吸肌肉时,可能导致呼吸停止,表现为突然无法呼吸,出现呼吸困难、窒息等症状。

电流对人体的危害受到电流强度、电流路径、接触时间等因素的影响。因此,在日常生活中,人们应时刻注意避免接触电流,遵循安全用电规范,确保人身安全。如果身体出现不适,应立即就医。

每个人的身体条件不同,因此不同的人对同样电流的敏感程度和危害程度也不完全相同。人体触电时,如电压一定,则通过人体的电流由人体电阻值决定,人体电阻值越大,通过人体的电流越小,危险也就越小,反之越大。

人体等效电阻见表 1-1,人体电阻包括体内电阻和皮肤电阻。体内电阻基本上不受外界影响,其数值一般不低于 500 Ω。皮肤电阻随条件不同而有很大的变化,使人体电阻也在很大范围内有所变化。干燥的皮肤有相当高的电阻,但是当皮肤潮湿时,电阻就会突然减小。一旦皮肤的电阻作用被破坏,电流就会迅速通过血液和人体组织。一般人体的平均电阻值为 1 000 ~ 1 500 Ω。

表 1-1 人体等效电阻

电流路径	人体电阻/Ω
手—手	1 000
手—脚(干燥皮肤)	750
手—脚(潮湿皮肤)	500
手—胸(干燥皮肤)	450
手—胸(潮湿皮肤)	230
手—臀部	300

影响人体电阻的因素有很多,除了皮肤薄厚外,皮肤潮湿多汗、有损伤、带有导电性物质等均会降低人体电阻。另外,接触面积加大和接触压力增强也会降低人体电阻。增加人体组织的电解作用,也会降低人体电阻。

此外,人体的健康程度会影响人触电后身体的受损程度。一个健康的成人触电所引起的后果会轻一些,如果患病(心脏病、精神病、内分泌器官疾病)或者长期酗酒的人,由于其自身的抵抗能力较差,触电后果较健康的人更严重,甚至会诱发病变。

2. 触电的形式

触电的形式包括单相触电、两相触电和跨步电压触电。

1)单相触电

单相触电是指人体与一相交流电源直接接触后,电流通过人体造成电击伤害的情况。单相触电对人体的危害与电压高低、电网中性点接地方式等因素有关。

2)两相触电

两相触电是指人体的两处同时接触带电的任何两相电源的情况。在这种情况下,电流从一相导体通过人体流入另一相导体,构成一个闭合回路,从而造成电击伤害。两相触电的危险性通常比单相触电更高,因为电流可能更大,对人体的伤害也更严重。因此,预防两相触电事故至关重要,需要严格遵守安全用电规定,确保电气设备和线路的安全运行。

3)跨步电压触电

跨步电压触电是指高压输电线路一根导线发生了断线形成了接地,此时导线与大地构成回路,电流经过导线入地时,导线周围的地面形成了一个强大的电场,地面上不同点之间会形成电位差,即跨步电压。

3. 触电预防

在作业前首先应该做好触电预防。

触电预防要点:①规范使用电气设备。在接触和使用电气设备时,应遵循相关规范。不私自检查或修理电路、用电器,不随意连接电线。当发现电器漏电时,要及时断电,并请专业人员进行修理。使用手电钻、电砂轮等手用电动工具时,应安设漏电保护器,并确保工具的金属外壳防护接地或接零。②注意用电安全。避免用湿手或湿布接触电源、开关或灯泡,因为水能导电,增加触电风险。同时,不要用湿抹布清洁电器,这可能导致电路老化并带来触电风险。此外,不要在电线上晾晒衣物,以防止衣物造成线路短路或走电。③定期检查与维护。定期检查电线、插座和用电器是否存在线路老化和漏电问题。及时更换破损的导线,并确保供电箱中装有空气开关。电器的安装和使用必须符合标准,并定期进行维修。④遵守安全操作规程。在进行电气作业时,应严格遵守安全操作规程,不可盲目乱动。移动非固定安装的电气设备时,必须先切断电源。在雷雨天,避免走近高压电杆、铁塔、避雷针的接地导线附近,以免发生跨步电压触电。⑤加强安全教育与意识。大力宣传安全用电知识,加强自我保护与相互保护意识,熟知预防措施和安全抢救方法。提高公众对触电危险的认识,培养正确的用电习惯。

4. 触电急救

若发现人身触电事件,发现者应保持冷静,防止因过度慌张或焦虑而影响急救效果。在发现触电事件后,首先应迅速切断电源,以防止电流进一步伤害受害者。如果受害者正在接触电源,救援者必须使用绝缘工具,如木棒、木板等,将电线从受害者身上挑开,同时确保自己不会触电。在切断电源之前,救援者应戴上绝缘手套或使用绝缘工具。

触电急救的原则如下:①施救者须保持冷静的头脑。②认清施救环境,确保施救人自身安全前提下方可进行施救。③保证安全的前提下,用最快的方式将触电者脱离带电体。④将触电者脱离带电体的过程中,防止二次伤害。⑤触电者脱离带电体以后,施救者应火速投入急救工作且拨打120求救。⑥密切观察触电者的伤势情况,判断准确,对症施救。⑦在专业医护人员到达施救现场接手施救工作之前,不可停止施救。

5. 心肺复苏的操作流程

1)心肺复苏操作前准备

(1)操作者准备:着装整洁,态度严肃,反应敏捷。

(2)物品准备:模拟人,简易呼吸器,硬板床或硬板,纱布,弯盘,手电筒,笔,护理记录单,手表。

(3)环境准备:脱离危险环境或使用隔帘。

2)心肺复苏的操作方法

(1)观察周围环境,确保安全,口述"环境安全,可以操作"。(开始计时)

(2)判断触电者意识。轻拍患者双肩,同时俯身分别对其左、右耳高声呼叫"喂,你怎么啦?",判断触电前有无意识,如无意识,口述"意识丧失",高声呼救,寻求他人帮助,并记录时间。

(3)判断大动脉搏动。触摸触电前颈动脉(右手食、中二指并拢,由喉结向内侧滑移2~3 cm检查颈动脉搏动),判断时间小于10 s,口述"大动脉搏动消失"。

(4)摆放体位。将触电者仰卧在坚实的平面或硬板上。

(5)解开触电者衣领和腰带。

(6)胸外心脏按压。①操作者体位:双手按压,位于触电者右侧,根据个人身高及触电者位置高低选用踏脚凳或跪式体位。②按压部位：胸骨中下 1/3 处，成人为两乳头连线与胸骨交叉中点或食指、中指沿肋缘向上触摸至剑突上两横指处。③按压姿势：手臂长轴与胸骨垂直，双手掌根重叠，手指扣手交叉，手指不触及胸壁，双臂肘关节绷直，以髋关节为支点运动，垂直向下用力。④按压深度：胸骨下陷 3.8～5 cm。⑤按压频率：不低于 100 次 /min。⑥按压与放松时间比例为 1∶1，放松时掌根部不能离开按压部位。

（7）开放气道。①双手轻转头部，将触电者头部偏向一侧，检查口腔，纱布缠绕手指，去除异物或义齿（疑有颈椎骨折除外）。②采用仰头抬颏法——左手掌外缘置于触电者前额，向后下方施力，使其头部后仰，同时将右手食指、中指指端放在触电者下颌骨下方，将颏部向前抬起，使头部充分后仰，下颌角与耳垂连线和身体水平面成 90°（疑有颈椎骨折采用托颌法）。

（8）人工呼吸。口对口人工呼吸：吸一口气，用操作者口唇严密地包住触电者的口唇，平稳地吹气，注意不要漏气，在保持气道通畅的操作下，将气体吹入触电者的口腔到肺部，使胸廓抬起；吹气后，口唇离开，并松开捏紧鼻孔的手指，使气体呼出，并侧转头吸入新鲜空气，同时观察触电者胸廓起伏情况，再进行第二次吹气；吹气时间大于 1 s，每次吹气量为 500～600 mL。如此反复操作，完成五个循环、呼吸周期。

（9）判断心肺复苏是否有效（呼吸、颈动脉搏动、四肢循环及瞳孔情况），口述判断情况，整理触电者衣物。如心肺复苏有效，口述"患者心肺复苏成功，进一步生命支持"。（计时结束）

（10）操作者口述"操作完毕"。

3）心肺复苏的注意事项

心脏跳动和呼吸是相互联系的。心脏停止跳动后呼吸也很快就会停止。呼吸停止了，心脏跳动也将维持不了多久。一旦呼吸和心跳都停止了，应该同时进行口对口（鼻）人工呼吸和胸外心脏挤压。如果现场仅是一个人抢救，两种方法应交替进行，吹气 2～3 次，再胸外心脏挤压 10～15 次，而且应提高吹气和挤压的速度。

进行人工呼吸和胸外心脏挤压抢救要坚持不断，不可轻易终止，送医途中也不可终止抢救。在抢救过程中，经过观察如发现触电者皮肤由紫变红，瞳孔由大变小，则说明抢救有效；若发现触电者嘴唇微有开合、喉头微动、眼皮微动，则应注意其是否有了自主心跳和呼吸。触电者能够开始呼吸时，即可停止人工呼吸。如果人工呼吸停止后，触电者仍不能自主呼吸，应立即再次进行人工呼吸。急救过程中，如果触电者身体出现尸斑或身体僵冷，须经医生做出无法救治的诊断后方可停止抢救。

学习任务

1. 信息（创设情境，提供资讯）

在进行新能源汽车检测培训中，你的同伴因不当操作而触电倒地，请你查询学习资料，在急救车到来前，完成对同伴的施救。

独立工作，搜集触电急救相关信息，完成以下任务。

（1）请查阅资料，说明触电对人体的伤害。

（2）请查阅资料，说明心肺复苏有哪些注意事项。

（3）请查阅资料，说明触电急救的原则。

（4）请查阅资料，说明采取施救的措施具体有哪些。

2. 计划（分析任务，制订计划）

个人/小组工作，根据触电急救方法完成下列任务。

（1）请根据培训中心现场情况和培训手册，列出所需材料清单。

序号	名称	符号	型号	数量	规格
1					
2					
3					
4					
5					
6					
7					
8					

学习模块1　高压安全防护

（2）请列出完成心肺复苏所需工具和辅具。

序号	名称	型号	规格	数量	备注
1					
2					
3					
4					
5					
6					
7					
8					

3. 决策（集思广益，作出决定）

个人 / 小组工作，根据触电急救方法完成下列项目。

（1）请查询胸外按压和人工呼吸法的应用场景。

（2）请参考工作计划模板，制订心肺复苏急救操作项目小组工作计划，确认成员分工及计划时间，并记录工作要点。

序号	工作计划	职责	人员	计划工时	备注
1					
2					
3					
4					
5					
6					

4. 实施（分工合作，沟通交流）

（1）小组工作，按工作计划实施心肺复苏操作，并记录实施行动的过程。

序号	行动步骤	实施人员	实际用时	计划工时
1				
2				
3				

序号	行动步骤	实施人员	实际用时	计划工时
4				
5				
6				
7				
8				

（2）独立工作，记录实施计划过程中检查的要点和结果。

步骤	检查关键点	测量方式	结果
1			
2			
3			
4			
5			
6			
7			
8			

5. 控制（查漏补缺，质量检测）

（1）个人/小组工作，明确检测要素及整改措施。

序号	检测要素	技术标准	是否完成	整改措施

（2）小组工作，检查各小组的工作实施情况。

检查项目	检查结果			需完善点	其他
	个人检查	小组检查	教师检查		
工时执行					
5S执行					
质量成果					
学习投入					
获取知识					
技能水平					
安全、环保					
设备使用					
突发事件					

6. 评价（总结过程，任务评估）

（1）小组工作，向其他同学介绍自己的总结，描述收获、问题和改进措施。对于工作需完善的部分，征求其他同学的意见。

- 收获

- 问题

- 改进措施

- 他人意见

（2）请各小组按照评分标准进行工作过程自评和互评。

班级		被评组名		日期		
指标		评价要素		分数	自评	互评
信息检索		是否能有效利用网络资源、工作手册查找有效信息		5		
		是否能有条理地解释、表述、应用所学知识		10		
感知工作		成员是否能熟悉自己的工作岗位,认同工作价值		5		
		成员在工作中是否获得满足感		5		
参与状态		成员与教师、同学之间是否相互尊重、理解、平等、有效沟通		15		
		成员是否能独立思考、倾听、协作分享		10		
学习方法		工作计划、操作技能是否符合规范要求		10		
		成员是否获得了进一步发展的能力		5		
工作过程		是否遵守管理规程,上课出勤和任务完成情况		10		
思维状态		是否能发现问题、分析问题、解决问题		15		
自评反馈		是否能严肃认真地对待自评,并能独立完成自测题		10		
总分				100		
简要评述						

（3）请教师按照评分标准对各小组进行任务工作过程总评。

班级			组名		姓名		出勤率		
	指标			评价要素		分数	评价标准		师评
一	信息	口头或书面梳理任务要点		1. 仪态自然、吐字清晰		15	仪态不自然、含糊扣5分		
				2. 工作页表述准确,思路清晰、层次分明			工作页表述不准确、不清晰扣5分		
二	计划	制订工作计划并准备工具		1. 计划切实可行		15	工作计划不可行扣5分		
				2. 制订计划及工具清单列举合理			计划及清单不合理扣5分		
	决策	列出心肺复苏流程图并检测计划		1. 心肺复苏流程图逻辑清晰 2. 制订合理的检测计划		20	每1处计划不合理扣2分		
三	实施	检修准备		1. 工具、辅材准备		2	每漏1项扣1分		
		检测操作		2. 正确选择工具、辅材		3	每选择错误1项扣1分		
				3. 正确实施计划无失误(依据评分表)		15	与计划不符合视情况扣1分		
		现场		4. 在工作过程中保持5S,设备、工具摆放整齐,工作现场恢复整理		10	每出现1项情况扣1分		

班级		组名		姓名		出勤率		
指标		评价要素		分数		评价标准		师评
四	控制	检查工作质量	正确检查心肺复苏流程、具体实施步骤		10	自我正确检查工作步骤并分析,每错1项扣1分		
五	评价	工作过程评价	1. 自评		5			
			2. 互评		5			
合计					100			

复习提高

一、选择题

1. 一般人体电阻平均电阻值是(　　)。
   A. 500～750 Ω　　　　　　　　　　B. 750～1 000 Ω
   C. 1 000～1 500 Ω　　　　　　　　D. 1 200～1 800 Ω

2. 触电的形式包括(　　)。
   A. 单相触电　　　　　　　　　　　B. 两相触电
   C. 三相触电　　　　　　　　　　　D. 跨步电压触电

3. 电压按照幅值和对人体的伤害程度划分为哪三个等级？(　　)
   A. 低压　　　　　　　　　　　　　B. 高压
   C. 重度电压　　　　　　　　　　　D. 安全电压

二、判断题

1. (　　)在实行口对口人工呼吸时,当发现触电者腹部充气膨胀,应用手按住其腹部,并同时进行吹气和换气。

2. (　　)救护人可采用金属和其他潮湿的物品作为救护工具。

3. (　　)触电者呼吸停止但有心跳,应用口对口人工呼吸法抢救。

4. (　　)人工呼吸法施救前,尽量保证触电者移动至干燥通风处,并应迅速将妨碍触电者呼吸的领口风衣扣、裤带等解开。同时迅速取出触电者口腔内妨碍呼吸的食物、假牙等,以免堵塞呼吸道。

学习模块 2
高压系统的结构与检修

基础知识　常用绝缘测试工具的使用

学习目标

知识目标：
1. 了解新能源汽车常用高压维修绝缘测试工具的类型。
2. 掌握新能源汽车常用高压维修绝缘测试工具的功用。

能力目标：
1. 能够正确检查和选用绝缘测试工具。
2. 掌握各种绝缘测试工具的使用方法。
3. 能够正确使用绝缘测试工具进行高压系统绝缘性测试。

素养目标：
1. 养成注重细节、严谨细致的职业素质。
2. 提升使用工具的熟练度和自主学习意识。

学习模块 2　微课视频

知识导航

1. 操作人员资质

高压电气部件的维护和检修作业必须设立专职监护人。由监护人员监督设备、劳保用品等是否符合要求,也监督作业全过程,并对作业结果进行检查,指挥供电。

操作人员原则上要求持有由国家应急管理部颁发的特种作业电工操作证。若操作人员暂无操作证,则实训教师必须在场指导操作,确保操作人员的人身安全。

2. 车辆高压系统断电操作

关闭点火开关,拔下车钥匙,将钥匙移至遥控范围以外,并由相关人员妥善保管。拆卸 12 V 低压蓄电池负极,等待 5~10 min,拔下高压电池上的维修开关,并妥善保管。

3. 常见绝缘测试工具的使用

1）手摇绝缘电阻表

手摇绝缘电阻表又称摇表，刻度以兆欧（MΩ）为单位。手摇绝缘电阻表是电力、邮电、通信、机电安装和维修等行业常用的仪表。它用于测量各种绝缘材料的电阻值，以及变压器、电机、电缆和电气设备等的绝缘电阻。它由一个摇柄、刻度盘和三个接线柱（L：线路端，E：接地端，G：屏蔽端）组成，如图2-1所示。

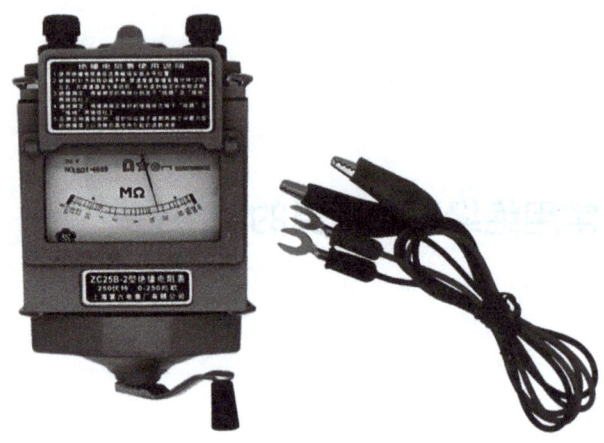

图 2-1　手摇绝缘电阻表

手摇绝缘电阻表根据所测电压的不同，可选择 100 V、250 V、500 V、1 000 V、2 500 V 等量程。设备的工作电压在 500 V 及以下的使用 500 V 及以下的手摇绝缘电阻表测量，若选用高电压手摇绝缘电阻表则可能损坏被测设备的绝缘性能；工作电压为 1 000 V（不含）的使用 500～3 000 V 的手摇绝缘电阻表测量；工作电压为 2 500 V 的使用 3 000 V 及以上的手摇绝缘电阻表测量。

手摇绝缘电阻表 ZC25B 如图 2-2 所示。

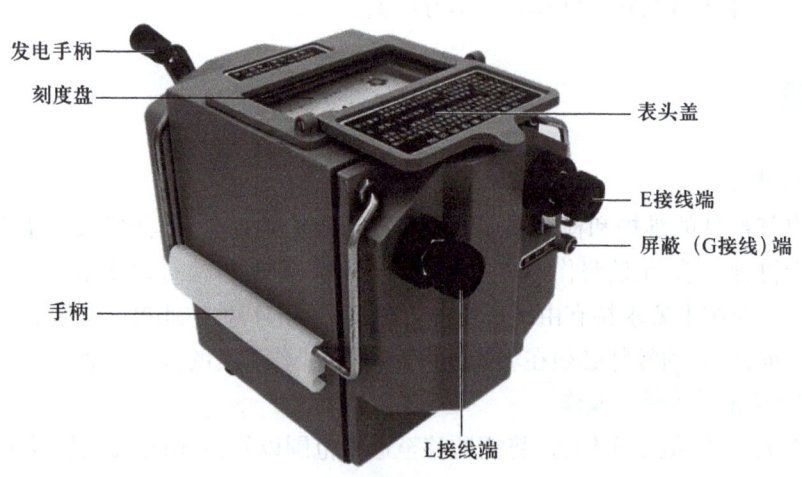

图 2-2　手摇绝缘电阻表 ZC25B

（1）使用手摇绝缘电阻表应远离磁场，并将其安放于水平位置。

（2）依顺时针方向转动发电手柄，使转动速度逐渐增至 120 r/min 左右，在调速器发生滑动后，即可读到稳定的电阻读数。

（3）绝缘测定，将被测定的两端分别接于 L 及 E 接线端上。

（4）通地测定，将被测端及良好的地线依次接于 L 及 E 接线端上。

（5）在测定特高电阻时，保护环应接于被测两端之间最内层的绝缘层上以消除因漏电而引起的读数误差。

注意事项：

（1）先让手摇绝缘电阻表维持水平状态，保持转速为 120 r/min，并让指针的朝向为无穷大，否则无法正常使用手摇绝缘电阻表。

（2）测量前需要把被测电器和电路的电源断开，并进行接地放电，这样才能保证操作时人员和电表的安全，以及保障测量结果精准度。

（3）确保接线正确，手摇绝缘电阻表正常有三个接线端，即 L、E、G 接线端。测量电路对地电阻时，L 接线端连接电路露出的导体，E 接线端连接地线或金属外层。测量电路绝缘电阻时，电路导体和接地端分别同 L、E 接线端连接。为了避免导线外层漏电对测量的精度产生影响，需要把导线的屏蔽层接到 G 接线端。

（4）手摇绝缘电阻表接线端引出的测量线绝缘必须是优质的，两个导线间以及与接地之间要保证距离恰当，否则对测量结果的精度也会有影响。

（5）摇动手摇绝缘电阻表时，严禁用手触摸接线处和测量电路，否则会发生触电危险。

（6）摇动手摇绝缘电阻表以后，全部接线端间不能短接，否则会造成表故障甚至损坏。

（7）不能长时间摇动手摇绝缘电阻表。

2）数字绝缘电阻表（Fluke1508）

（1）数字绝缘电阻表连接

数字绝缘电阻表（Fluke1508）功能区域和表笔连接情况分别如图 2-3、图 2-4 所示。

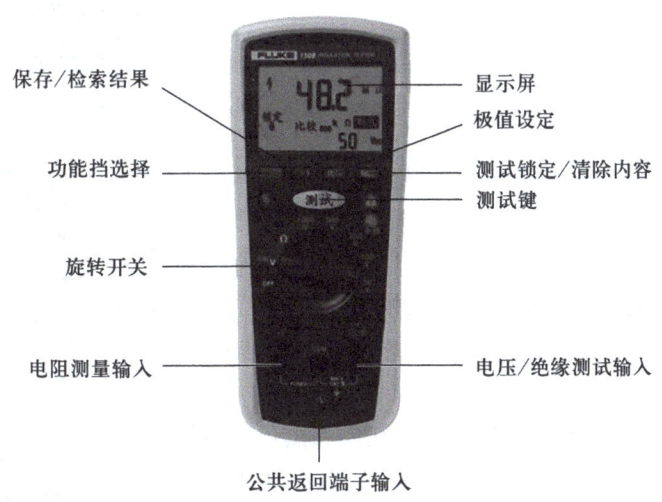

图 2-3　Fluke1508 功能区域

（2）绝缘电阻测量

①将黑表笔插入 COM（公共）输入端子，绝缘测试笔插入电压、绝缘测试输入端子，如图 2-5 所示。

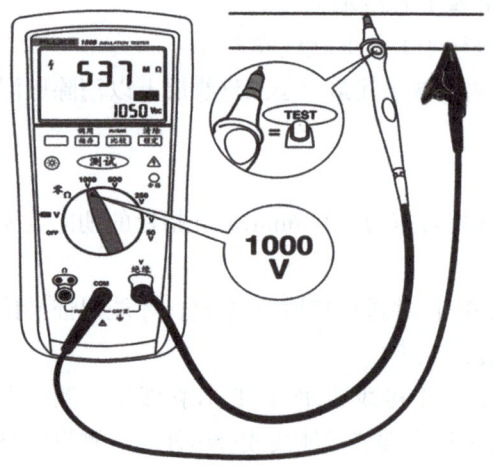

图 2-4　Fluke1508 表笔连接

图 2-5　绝缘测试表笔连接

②选用 25 kV 绝缘手套作为测试对象，如图 2-6 所示。

③将挡位旋至 500 V 电压挡，如图 2-7 所示。

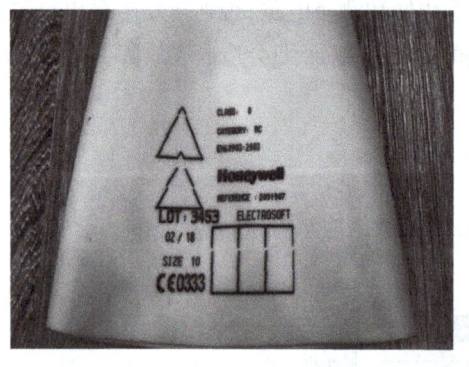

图 2-6　选择测试对象（绝缘手套）

图 2-7　选择 500 V 电压测试挡

④测试前先进行开路测试和短路测试。

开路测试：选择量程 1 000 V，将红色和黑色测试探头分别插入绝缘输入端子和 COM 输入端子，然后将功能旋钮转至 1 000 V 挡，两表笔断开连接，单击"测试"按钮，若指示灯亮起且屏幕读数 ≥ 11 GΩ，则数字绝缘电阻表开路测试正常，如图 2-8 所示。

短路测试：选择量程选 1 000 V，将红色和黑色测试探头分别插入绝缘输入端子和 COM 输入端子，然后将功能旋钮转至 1 000 V 挡，两表笔短接，单击"测试"按钮，若指示灯亮起且屏

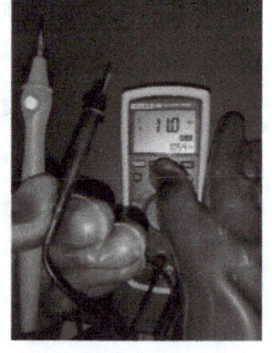

图 2-8　开路测试

幕读数为 0，则数字绝缘电阻表短路测试正常，如图 2-9 所示。

⑤测试绝缘手套绝缘性，将两表笔与绝缘手套接触，如图 2-10 所示。

注意：测试时，不可用手触摸表笔的金属部分，避免发生触电。

⑥按下"测试"按钮，等待仪表读数稳定后，读取绝缘电阻值，如图 2-11 所示。

⑦关闭数字绝缘电阻表，断开两支绝缘测试表笔，如图 2-12 所示。

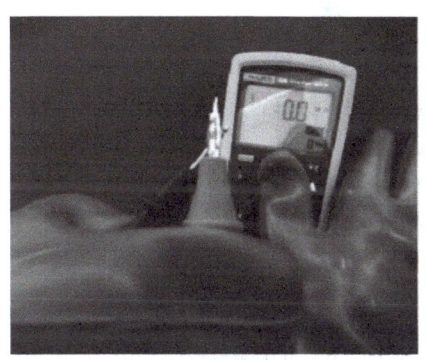

图 2-9　短路测试

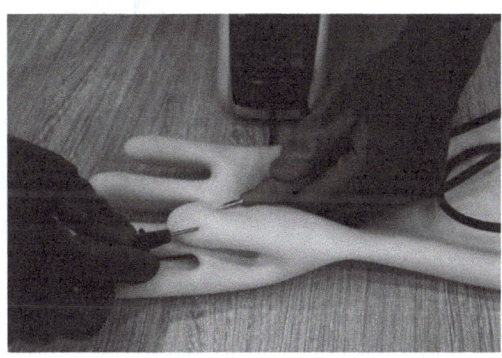

图 2-10　测试绝缘手套绝缘性

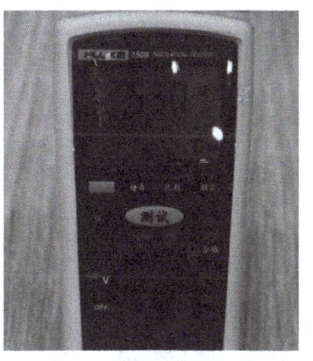

图 2-11　绝缘电阻值读取

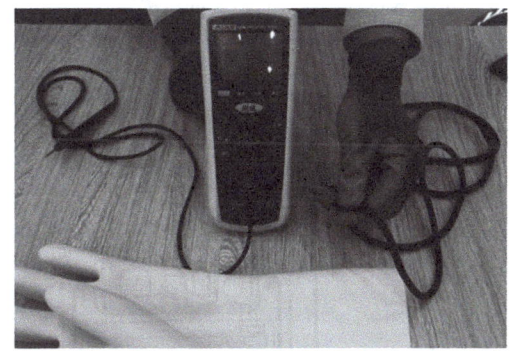

图 2-12　断开绝缘测试表笔

每次使用完数字绝缘电阻表后，应及时关闭开关。如果长期不使用，还应将测试仪内部的电池取出，以避免电池腐蚀电阻表内部其他部件。

3）数字绝缘电阻表（UT 511）

（1）数字绝缘电阻表 UT 511 功能区域

数字绝缘电阻表 UT 511 的功能区域如图 2-13 所示。

（2）数字绝缘电阻表探头

数字绝缘电阻表 UT 511 的探头连接和测试探头分别如图 2-14、图 2-15 所示。

① 将测试探头分别插入数字绝缘电阻表 UT 511 的 V 和 COM 输入端子。数字绝缘电阻表 UT 511 默认开关打开即为绝缘测试功能界面，如需手动调整，可按下方"HO"按键切换回绝缘测试功能界面。

② 将两支测试表笔短接，按住"TEST"按钮开始测试，其电阻应为 0 Ω。

③ 通过上、下键按钮选择所需要的测试电压。

学习模块 2　高压系统的结构与检修

1—显示液晶屏 2—◀选择按钮 3—应急关机按钮 4—背光与数据清除按钮 5—▼选择按钮
6—电源开关按钮 7—比较功能按钮 8—绝缘电阻测量按钮 9—电压测量按钮 10—定时器按钮
11—低电阻测量按钮 12—测试使用按钮 13—步进选择按钮 14—数据存储按钮 15—读存储数据按钮
16—▶选择按钮 17—▲选择按钮 18—LINE:电压输入插孔 19—COM:电压输入插孔
20—EARTH:电压输入插孔 21—V:电压输入插孔 22—测试笔(红、黑),专用双插头(红)

图 2-13 数字绝缘电阻表 UT 511 功能区域

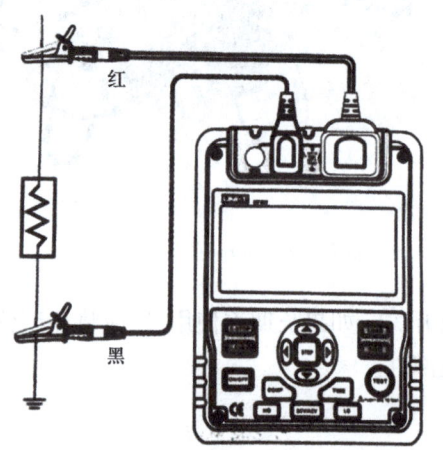

图 2-14 数字绝缘电阻表的探头连接　　图 2-15 测试探头

④ 测试时,探头分别接高压线束的端子和绝缘层,按住"TEST"按钮开始测试。辅显示位置显示被测电路上所施加的测试电压,主显示位置显示高压符号,并以 MΩ 或 GΩ 为单位显示电阻,直到显示屏的下端出现测试图标,释放测试按钮。

⑤ 继续将探头留在测试点上,然后释放测试按钮,数字绝缘电阻表上显示">"符号以及当前量程的最大按钮。被测电路即开始通过数字绝缘电阻表放电。

根据欧洲经济委员会 ECE-R100 的标准,绝缘电阻必须不低于 500 Ω/V。例如:288 V × 500 Ω=0.144 MΩ,测量工具的测量电压至少要与检测部件的常规工作电压相同。

数字绝缘电阻表的两只表笔分别接线束的端子和绝缘层。如图 2-16 所示,对高压线束不同部位进行绝缘检测,测量电压为 500～1 000 V 直流电压。

高压线束测量点包括屏蔽层与内部导线之间(A);屏蔽层与车辆的搭铁端之间(B);内部导线与到车辆搭铁端之间(C),如图 2-17 所示

图 2-16　绝缘电阻测试

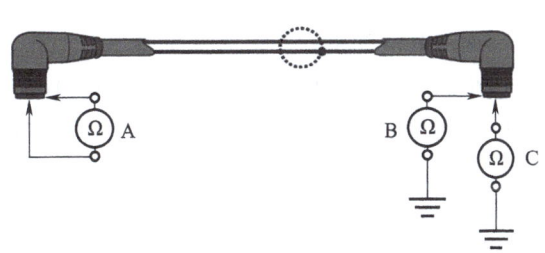

图 2-17　高压线绝缘电阻测试

复习提高

填空题

1. 绝缘电阻表有_____和_____两种。
2. 绝缘电阻表校零分为两个步骤,分别是_____与_____。

（1）开路测试。选择量程 1 000 V,将红色和黑色测试探头分别插入_____输入端子和_____输入端子,然后将功能旋钮转至_____挡,两表笔断开连接,单击"测试"按钮,若指示灯亮起且屏幕读数≥11 GΩ,则绝缘电阻表开路测试正常。

（2）短路测试。选择量程选至 1 000 V,将红色和黑色测试探头分别插入_____输入端子和_____输入端子,然后将功能旋钮转至_____挡,两表笔短接,单击"测试"按钮,若指示灯亮起且屏幕读数为 0,则绝缘电阻表短路测试正常。

3. 测量。开路测试和短路测试结束后,立刻进行绝缘性检测。数字绝缘电阻表的黑色表笔接触_____,红色表笔接触_____,单击测试按钮开始测量。

4. 记录测量数据,变换位置继续测量,共测量_____点绝缘地垫的绝缘电阻值并记录。如果屏幕显示绝缘电阻值≥_____,则说明绝缘地垫绝缘性良好。

5. 将绝缘电阻表挡位开关置于_____,恢复、归整测试探头。

学习情景 2.1　新能源汽车高压断电操作

学习目标

知识目标:

1. 了解手动维修开关的作用。

2. 掌握新能源汽车高压断电的操作步骤和注意事项。

能力目标：
1. 能够规范地拆卸维修开关，并将开关交给监护人员妥善保管。
2. 能够做好高压安全防护，规范地完成新能源汽车的高压断电。
3. 能够正确使用绝缘检测工具准确地进行验电。

素养目标：
1. 通过高压断电操作树立安全第一意识。
2. 小组合作完成操作任务，培养团队合作意识。
3. 在绝缘处理等细节处设置评分点，树立规范意识。

知识导航

1. 高压操作前的个人防护措施

（1）禁止携带钥匙、手表、首饰等导电金属物品。

（2）穿好绝缘鞋，戴好绝缘手套、护目镜等防护用品。当在车底拆装动力电池或进行绝缘检测时，还须佩戴绝缘帽。

（3）拆装车辆高压部件时，必须使用电动汽车维修专用绝缘工具，确保检修过程中的人身安全和设备安全。

（4）新能源汽车上导线颜色表示特定的含义，橙色电缆用来警示有高压电危险，在检修此类线路部件时必须进行高压防护。

（5）在对新能源汽车进行检修或对动力电池充电时，应放置警示标志，并把车钥匙从点火开关上取下来妥善保管。

2. 高压断电流程

1）断电准备

关闭车辆点火开关（图2-18），将车钥匙锁入维修柜，或由操作人员保管，保证他人无法接触。按照对角线方向，分别在前后车轮上安装车轮挡块，如图2-19所示。

图2-18　点火开关

图2-19　车轮挡块

2）断开辅助蓄电池负极

断开辅助蓄电池负极电缆（图2-20），负极电缆接头用绝缘胶布包好，辅助蓄电池负极桩头用盖子盖好或用绝缘胶布包好。摆放禁止复位标识牌，如图2-21所示。

图2-20　断开辅助蓄电池负极电缆

图2-21　禁止复位标识牌

3）断开维修开关并妥善保存

一般来说，新能源汽车都设有维修开关（图2-22），断开维修开关才可对新能源汽车进行维修。断开维修开关后用盖子将接口封好或用绝缘胶布将维修开关接口封好。等待5~10 min，待高压电容器放电后再继续操作。将维修开关锁入维修柜存放，并在拆除后的相应位置放置"有电危险"警示牌。

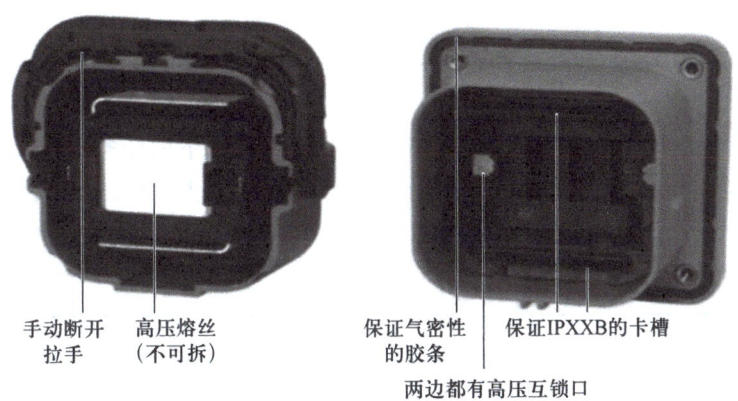

图2-22　手动维修开关结构

4）验电、放电

先断开动力电池低压线束插件，再断开各级锁止机构，禁止越级徒手或强行用蛮力断开动力电池高压输出电缆插件。高压电缆端一般设置三级锁拆卸。

断开动力电池高压插件后，须要对动力电池的母线进行验电，测量母线正、负极电压应小于1 V；如果母线有残余电荷，须用放电设备进行放电，确保动力电池母线无电，如

学习模块2　高压系统的结构与检修

图 2-23 所示。电源侧及负载侧均完成验电、放电操作后,须对高压端进行绝缘处理。

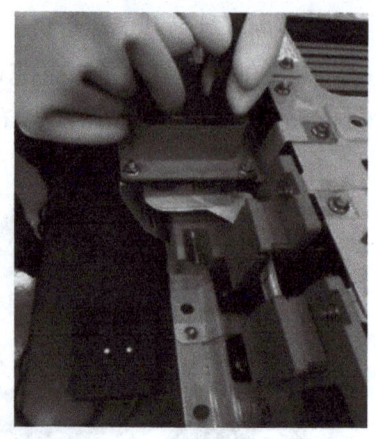

图 2-23 放电

学习任务

1. 信息(创设情境,提供资讯)

某 4S 店需要对一辆新能源汽车进行故障检修。小李以前没接触过新能源汽车,向其师父请教:"听说新能源汽车上有好几百伏的高压电,维修新能源汽车是不是很危险啊?"

师父告诉小李,新能源汽车确实是采用高压动力电池作为动能来驱动车辆行驶。该电压通常在 300 V 以上,但是只要按照规范进行操作是不会有危险的。整车未下高压电之前,注意车辆上面的安全标识。按照高压断电的规范操作流程对车辆进行高压断电操作,断电成功后即可进行维修。

独立工作:搜集新能源汽车高压断电方面信息,完成以下任务。

(1)请查阅资料,说明高压断电操作有哪些注意事项。

(2)请写出此次检测中,高压断电后验电对照标准。

2. 计划(分析任务,制订计划)

个人/小组工作,根据高压系统断电操作流程任务完成下列任务。

(1)请根据断电操作流程,拟定断电前的准备项目(个人防护、现场安全)。

序号	检查项目	检查情况	参考值	是否合格

（2）请根据实训现场情况，列出高压断电操作过程中所需工具及材料清单。

序号	名称	符号	型号	数量	规格
1					
2					
3					
4					
5					
6					
7					
8					

3. 决策（集思广益，作出决定）

个人/小组工作，根据高压系统断电安全操作完成以下任务。

（1）请说明高压系统的验电与放电操作注意事项。

（2）请参考工作计划模板，制订高压系统的断电操作项目小组工作计划，确认成员分工及计划工时并记录。

序号	工作计划	职责	人员	计划工时	备注
1					
2					
3					
4					
5					
6					

4. 实施（分工合作，沟通交流）

（1）小组工作，按工作计划实施高压断电安全操作项目并记录。

序号	行动步骤	实施人员	实际用时	计划工时
1				
2				
3				
4				
5				
6				
7				
8				

（2）独立工作，记录工作计划实施过程中检查的关键点和结果。

步骤	检查关键点	测量方式	结果
1			
2			
3			
4			
5			
6			
7			
8			

5. 控制（查漏补缺，质量检测）

（1）个人/小组工作，明确检测要素及整改措施。

序号	检测要素	技术标准	是否完成	整改措施

（2）小组工作，检查各小组的工作实施情况。

检查项目	检查结果			需完善点	其他
	个人检查	小组检查	教师检查		
工时执行					
5S 执行					
质量成果					
学习投入					
获取知识					
技能水平					
安全、环保					
设备使用					
突发事件					

6. 评价（总结过程，任务评估）

（1）小组工作，向其他同学介绍自己的工作总结，描述收获、问题和改进措施。对于工作过程中的不足之处，征求同学的改进意见。

- 收获

- 问题

- 改进措施

- 他人意见

（2）请各小组按照评分标准进行工作过程自评和互评。

班级		被评组名		日期		
指标		评价要素		分数	自评	互评
信息检索		是否能有效利用网络资源、工作手册查找有效信息		5		
		是否能有条理地解释、表述、应用所学知识		10		
感知工作		成员是否能熟悉自己的工作岗位，认同工作价值		5		
		成员在工作中是否获得满足感		5		
参与状态		成员与教师、同学之间是否相互尊重、理解、平等、有效沟通		15		
		成员是否能独立思考、倾听、协作分享		10		
学习方法		工作计划、操作技能是否符合规范要求		10		
		成员是否获得了进一步发展的能力		5		
工作过程		是否遵守管理规程，上课出勤和任务完成情况		10		
思维状态		是否能发现问题、分析问题、解决问题		15		
自评反馈		是否能严肃认真地对待自评，独立完成自测题		10		
		总分		100		
简要评述						

（3）请教师按照评分标准对各小组进行任务工作过程总评。

班级			组名		姓名		出勤		
	指标		评价要素		分数	评价标准			师评
一	信息	口头或书面梳理任务要点	1. 仪态自然、吐字清晰		15	仪态不自然、含糊扣5分			
			2. 工作页表述准确，思路清晰、层次分明			工作页表述不准确、不清晰扣5分			
二	计划	制订工作计划并准备工具	1. 故障检修计划切实可行		15	计划不可行扣5分			
			2. 制订计划及工具清单列举合理			计划及清单不合理扣5分			
	决策	列出诊断流程图并检测计划	1. 故障诊断流程图逻辑清晰		20	每1处计划不合理扣2分			
			2. 制订合理的检测计划						
三	实施	检修准备	1. 工具、电路图、辅材准备		2	每漏1项扣1分			
		检测操作	2. 正确选择工具、相关电路图及辅材		3	每选择错误1项扣1分			
			3. 正确实施计划无失误（依据评分表）		15	与计划不符合视情况扣1分			
		现场	4. 在工作过程中保持5S，设备、工具、电路图摆放整齐，工作现场恢复整理		10	每出现1项情况扣1分			

续表

班级		组名		姓名		出勤	
指标		评价要素		分数	评价标准		师评
四	控制	检查工作质量	正确检查诊断流程、具体检测部件、线路	10	自我正确检查工作步骤并分析,每错1项扣1分		
五	评价	工作过程评价	1. 自评	5			
			2. 互评	5			
		合计		100			

复习提高

填空题

1. 高压系统出现短路时,维修开关内置_____会熔断,以保护高压系统安全。

2. 与工作无关的工具不得带入工作场地。必须使用的金属工具的手持部分要作绝缘处理。在地面或车辆附近明显位置放置"_____"警示牌。

3. 断开辅助蓄电池负极电缆,蓄电池负极桩头用盖子盖好或用_____包好。

4. 一般来说,新能源汽车设有维修开关,断开维修开关才可对新能源汽车进行维修。断开维修开关后用盖子将接口封好或用绝缘胶布将维修开关接口封好。放置车辆_____(不同厂家有不同要求),对新能源汽车的高压电容器进行_____。

5. 穿戴好绝缘防护品,先断开动力电池_____插件,再断开动力电池_____插件。断开动力电池高压插件后,需要对动力电池的母线进行验电,测量母线正、负极电压应小于_____;如果母线有残余电荷,需用放电设备进行放电,确保母线无电。

学习情景 2.2　高压系统绝缘故障检测

学习目标

知识目标:

1. 了解新能源汽车高压部件绝缘检测的意义。
2. 掌握新能源汽车高压部件绝缘检测的方法。
3. 掌握不同工况下新能源汽车绝缘故障的处理办法。

能力目标:

1. 能够制订新能源汽车绝缘故障诊断工作计划。
2. 能够在作业前做好高压安全防护,规范完成车辆高压断电操作。

3. 能够以小组合作的形式，根据制订的绝缘故障诊断工作计划进行新能源汽车绝缘故障诊断。

素养目标：
1. 通过制订绝缘故障诊断工作计划，提升逻辑思维能力。
2. 通过绝缘故障排查实践操作，树立安全第一意识。
3. 通过制作不同车型的绝缘故障诊断工作计划，提高知识迁移能力。

知识导航

1. 新能源汽车高压绝缘监测

1）绝缘监测

新能源汽车高压系统通常为封闭系统，与车身绝缘。但由于车辆使用环境恶劣，受振动、冲击、气候冷热交替以及动力电池腐蚀性液体、气体等影响，高压系统部件（动力蓄电池组、电机控制器、驱动电机以及车载充电器等）与车体之间的绝缘部件容易出现损伤和破坏，会使其绝缘性能下降。

为保证新能源汽车的安全运行，整车设计有绝缘监测功能。高压电控系统中集成的漏电传感器，其主要作用是监测与动力电池输出相连接的负母线与车身底盘之间的绝缘电阻。通过检测出的绝缘电阻判断动力电池的漏电程度。如当检测出的绝缘电阻阻值 ≤ 100～120 kΩ 时，属于一般漏电；若绝缘电阻阻值 ≤ 20 kΩ，属于严重漏电。

当动力电池漏电时，漏电传感器发出信号给电池管理控制器，电池管理控制器接到漏电信号后，进行相关保护操作并报警，防止动力电池的高压电外泄，造成人或物品的伤害和损失。

2）漏电传感器

（1）漏电传感器安装位置

漏电传感器集成到高压电控总成内部，布置在前舱，如图 2-24 所示。
漏电传感器针脚定义如图 2-25 所示。

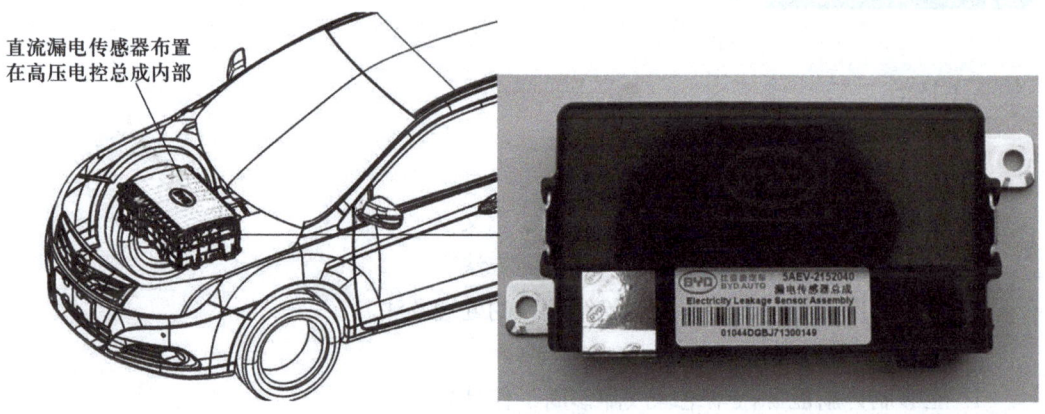

图 2-24 漏电传感器

图 2-25　漏电传感器针脚定义

（2）漏电传感器的主要功能

① CAN 通信功能。

② 监测与动力电池输出相连接的负极母线与车身底盘之间的绝缘电阻,判定高压系统是否存在漏电。

③ 将漏电数据信息通过 CAN 信号发送给电池管理器、VTOG,采取相应保护措施,如图 2-26 所示。

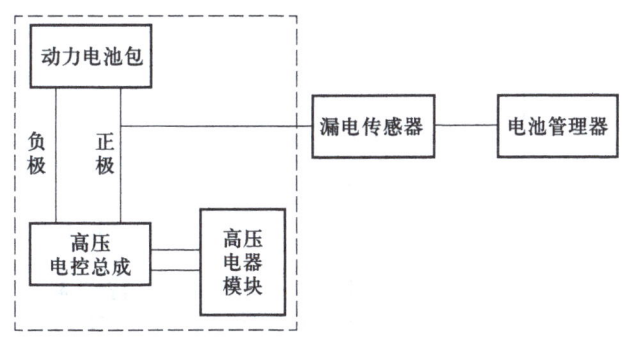

图 2-26　漏电数据信息传输路径

3）漏电传感器常见故障

漏电传感器故障码见表 2-1。

表 2-1　漏电传感器故障码

故障码（DTC）	描述	应检查部位
P1A0000	严重漏电故障	检查动力电池、四合一、空调压缩机和直流加热器
P1A0100	一般漏电故障	检查动力电池、四合一、空调压缩机和直流加热器

漏电传感器故障检测步骤如下：

（1）拔下漏电传感器低压接插件。

（2）用万用表测量12 pin（12个引脚）低压插接件04#、10#引脚对地电压是否为 ±9～±16 V。

若是，说明电池管理器供电正常，漏电传感器故障，需更换漏电传感器；反之，转步骤（3）。

（3）测试电池管理器BMC01-2#引脚和BMC01-10#引脚对地电压是否为 ±9～±16 V。

若是，说明线束故障，需更换线束；反之，需更换电池管理器。

2. 高压系统绝缘故障检测

1）高压系统绝缘故障

高压系统绝缘故障主要分为动力电池内部绝缘故障和动力电池外部绝缘故障。动力电池内部及外部结构如图2-27所示。

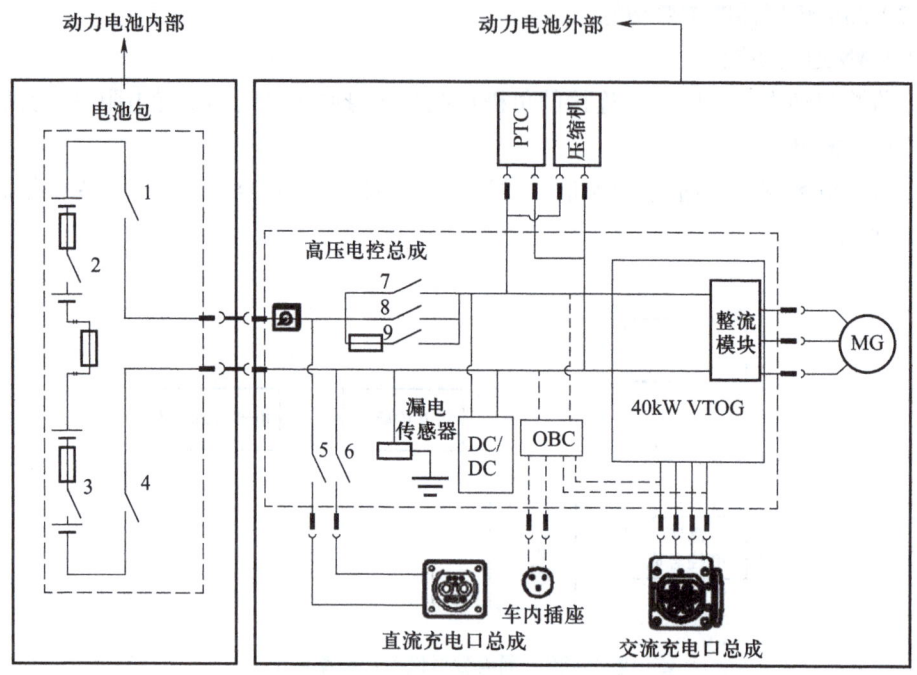

图2-27　动力电池内部及外部结构

2）动力电池内部绝缘故障

动力电池内部绝缘故障原因如图2-28所示，此类故障发生之后可能会发生较为严重的后果。如打火和烧蚀，会引起模块内单体电池的短路故障。当动力电池模组内部故障时，如果人体接触到电池高压线路和车身便会出现电击事件。

3）动力电池外部绝缘故障

动力电池外部的高压回路绝缘失效主要发生在高压用电部件内部、高压线缆和高压连接器上，一般可以通过接触器断开而隔绝。动力电池外部绝缘故障包括高压连接器和高压线缆绝缘故障、高压用电部件内部出现绝缘失效等类型。

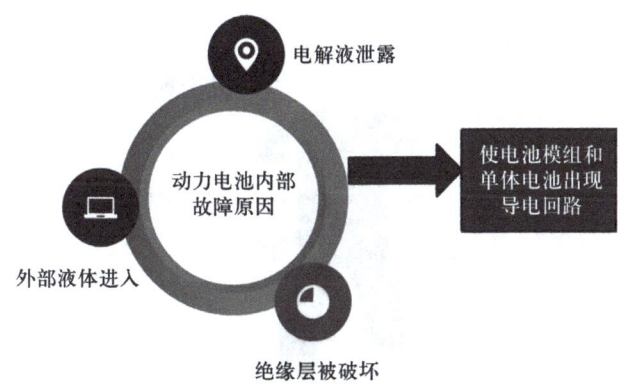

图 2-28 动力电池内部绝缘故障

4）绝缘故障报警

电池管理系统承担绝缘故障检测功能，当检测到高压系统的绝缘电阻值不满足安全要求时，电池管理控制器将对应的绝缘故障码上报给上位机，整车上则由组合仪表来进行故障显示和故障灯报警，必须马上进行故障排查，以免出现人身安全事故。绝缘故障报警的具体触发条件和措施见表 2-2。

表 2-2 绝缘故障报警具体触发条件及措施

名称	电池工作状态	警报	触发条件	措施
碰撞保护		碰撞故障	接收碰撞信号	立即断开主接触器、分压接触器
动力电池漏电	充、放电状态下	正常	$R > 500 \ \Omega/V$	正常情况，不作处理
		一般漏电报警	$100 \ \Omega/V < R \leq 500 \ \Omega/V$	仪表灯亮，报动力系统故障
		严重漏电报警	$R \leq 100 \ \Omega/V$	行车中：仪表灯亮，立即断开主接触器、分压接触器。停车中：①禁止上电；②仪表灯亮，报动力系统故障。充电中：①断开交流充电接触器、分压接触器；②仪表灯亮，报动力系统故障

说明：表中 R 为高压直流线束与车身之间的绝缘电阻。

5）绝缘故障检修

（1）两名操作人员应做好自身安全防护，穿戴有一定安全等级且符合国家相关标准要求的防护用品，如图 2-29 所示。

（2）执行整车高压断电操作。

断开动力电池负极接口，断开维修开关，断开直流母线，等待 5 min 或更久直至部件内电压 ≤ 5 V。

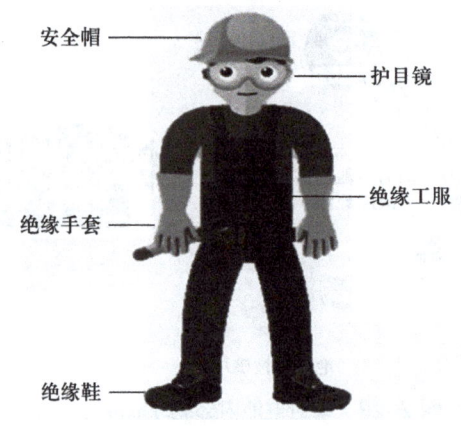

图 2-29　穿戴防护用品

（3）使用绝缘电阻表测量绝缘电阻。

① 测量高压部件输入端、输出端对外壳（车身地）的电阻值。

② 测量高压连接器和高压线缆绝缘电阻。包括动力电池、电机控制器、车载充电机、DC-DC、高压配电箱、直流充电口、交流充电口、电动压缩机和直流加热器（PTC）等高压部件接口及其高压线束。

6）高压系统绝缘性能要求

电动汽车标准将绝缘等级分为 3 等：低于 100 Ω/V 为绝缘等级差；100～500 Ω/V 为绝缘等级良；高于 500 Ω/V 为绝缘等级优。高压部件绝缘电阻值见表 2-3。

表 2-3　高压部件绝缘电阻值

高压零部件	标准值
动力电池包	正、负极对车身地绝缘阻值 ≥ 20 MΩ
车载充电机	高压输入端、输出端对外壳（车身地）绝缘阻值 ≥ 20 MΩ
电机控制器、驱动电机	高压输入端、输出端对对外壳（车身地）绝缘阻值 ≥ 20 MΩ
空调压缩机	高压输入端对外壳（车身地）绝缘阻值 ≥ 20 MΩ
PTC	高压输入端对外壳（车身地）绝缘阻值 ≥ 20 MΩ
交流充电口	L、N 对 PE 的绝缘阻值 ≥ 20 MΩ
直流充电口	DC-、DC+ 对 PE 的绝缘阻值 ≥ 20 MΩ

学习任务

1. 信息（创设情境，提供资讯）

某 4S 店现需要对一辆新能源汽车进行故障检修，车辆仪表显示高压系统绝缘故障，请结合实际，开展高压系统绝缘故障诊断。

独立工作：搜集新能源汽车高压系统绝缘故障方面信息，完成以下任务。

（1）请查阅资料，列出高压系统绝缘故障产生的原因。

| |
| |

（2）请查阅资料，阐述当新能源汽车发生高压系统绝缘故障时，车辆维修人员的应对措施。

| |
| |

（3）请分析在此任务中需要使用什么防护用具、检测工具进行检测。

| |
| |

（5）请查阅资料，列出高压系统部件绝缘电阻参考值。

| |
| |

（6）请查阅资料，绘制高压系统原理框图，含针元件名称。

| |
| |

2. 计划（分析任务，制订计划）

个人/小组工作，根据高压系统绝缘故障检测任务完成下列任务。

（1）请拟定高压系统绝缘故障检测前的准备项目（个人防护、现场安全）。

序号	检查项目	检查情况	参考值	是否合格

（2）请明确高压系统绝缘故障检测任务具体实施步骤。

（3）请根据实训现场情况，列出高压系统绝缘故障检测所需工具及材料清单。

序号	名称	符号	型号	数量	规格
1					
2					
3					
4					
5					
6					
7					
8					

3. 决策（集思广益，作出决定）

个人/小组工作，根据高压系统绝缘故障检测任务完成下列任务。

（1）请参照相关技术文件，确定高压系统绝缘故障检测任务的操作步骤流程及相关要求。

（2）请参考工作计划模板，制订高压系统绝缘故障检测任务的小组工作计划，确认成员分工及计划时间并记录。

序号	工作计划	职责	人员	计划工时	备注
1					
2					
3					
4					
5					
6					
7					
8					

4. 实施（分工合作，沟通交流）

（1）小组工作，按工作计划实施高压系统绝缘故障检测工作并记录。

序号	行动步骤	实施人员	实际用时	计划工时
1				
2				
3				
4				
5				
6				
7				
8				

（2）独立工作，选用绝缘电阻表合适量程对高压系统绝缘电阻进行检查，并记录检查的关键点和结果。

步骤	检查关键点	测量方式	结果处理
1			
2			
3			
4			
5			
6			
7			
8			

5. 控制（查漏补缺，质量检测）

（1）个人/小组工作，明确检测要素及整改措施。

序号	检测要素	技术标准	是否完成	整改措施

（2）小组工作，检查各小组的工作实施情况。

检查项目	检查结果			需完善点	其他
	个人检查	小组检查	教师检查		
工时执行					
5S 执行					
质量成果					
学习投入					
获取知识					
技能水平					
安全、环保					
设备使用					
突发事件					

6. 评价（总结过程，任务评估）

（1）小组工作，向其他同学介绍自己的总结，描述收获、问题和改进措施。对于工作的不足之处，征求其他同学的改进意见。

- 收获

- 问题

- 改进措施

- 他人意见

（2）请各小组按照评分标准进行工作过程自评和互评。

班级		被评组名		日期		
指标	评价要素			分数	自评	互评
信息检索	是否能有效利用网络资源、工作手册查找有效信息			5		
	是否能有条理地解释、表述、应用所学知识			10		
感知工作	成员是否能熟悉自己的工作岗位，认同工作价值			5		
	成员在工作中是否获得满足感			5		
参与状态	成员与教师、同学之间是否相互尊重、理解、平等、有效沟通			15		
	成员是否能独立思考、倾听、协作分享			10		
学习方法	工作计划、操作技能是否符合规范要求			10		
	成员是否获得了进一步发展的能力			5		
工作过程	是否遵守管理规程，上课出勤和任务完成情况			10		
思维状态	是否能发现问题、分析问题、解决问题			15		
自评反馈	是否能严肃认真地对待自评，并能独立完成自测题			10		
总分				100		
简要评述						

（3）请教师按照评分标准对各小组进行任务工作过程总评。

班级			组名		姓名		出勤	
	指标		评价要素		分数	评价标准		师评
一	信息	口头或书面梳理任务要点	1. 仪态自然、吐字清晰		15	仪态不自然、含糊扣5分		
			2. 工作页表述准确，思路清晰、层次分明			工作页表述不准确、不清晰扣5分		

续表

班级		组名		姓名		出勤	
	指标	评价要素	分数	评价标准			师评
二	计划 决策	制订工作计划并准备工具 1. 故障检测计划切实可行 2. 制订计划及工具清单列举合理	15	工作计划不可行扣5分 计划及清单不合理扣5分			
		列出诊断流程图并检测计划 1. 故障诊断流程图逻辑清晰 2. 制订合理的检测计划	20	每1处不合理扣2分			
三	实施	检修准备	1. 工具、电路图、辅材准备	2	每漏1项扣1分		
		检测操作	2. 正确选择工具、相关电路图及辅材	3	每选择错误1项扣1分		
			3. 正确实施计划无失误（依据评分表）	15	与计划不符合视情况扣1分		
		现场	4. 在工作过程中保持5S，设备、工具摆放整齐，电路图工作现场恢复整理	10	每出现1项情况扣1分		
四	控制	检查工作质量	正确检查诊断流程、具体检测部件、线路	10	自我正确检查工作步骤并分析，每错1项扣1分		
五	评价	工作过程评价	1. 自评	5			
			2. 互评	5			
		合计		100			

复习提高

判断题

1.（　　）绝缘故障检修由一名操作人员完成，并应首先做好自身安全防护。

2.（　　）漏电传感器的功能仅为监测与动力电池输出口相连接的正极母线与车身底盘之间的绝缘电阻，判定高压系统是否存在漏电。

3.（　　）由于振动、冲击、气候冷热交替以及动力蓄电池腐蚀性液体、气体等的影响，高压系统部件与车体之间的绝缘部件容易出现损伤和破坏，但绝缘性能不会下降。

4.（　　）动力电池内部故障发生之后可能会发生较为严重的后果。如打火和烧蚀，会引起模块内单体电池的短路故障。

5.（　　）电池管理系统承担绝缘故障检测功能，当检测到高压系统的绝缘电阻值不满足安全要求时，电池管理控制器将对应的绝缘故障码上报给上位机。

学习情景 2.3　高压线束与高压部件的认知与检修

学习目标

知识目标：
1. 了解新能源汽车比亚迪 e5 高压线束的组成。
2. 掌握新能源汽车综合实训台高压线束的组成。
3. 掌握新能源汽车高压线束的检修方法。

能力目标：
1. 能够设计新能源汽车高压线束检修流程。
2. 能够在检修作业前做好高压安全防护,规范完成车辆高压断电操作。
3. 能够以小组合作的形式,完成新能源汽车高压线束的检修。

素养目标：
1. 通过设计检修流程,提升逻辑思维能力。
2. 通过绝缘故障排查实践操作,树立安全第一意识。
3. 通过课后设计不同车型的高压线束检修流程,提高知识迁移能力。

知识导航

1. 比亚迪 e5 高压线束及部件认识

1）高压线束的结构

新能源汽车高压线束和传统汽车线束的基本组成部分是大致相同的。一根合格的高压线束由内部导体、绝缘层、护套、铝箔、填充物、包带组成,如图 2-30 所示。

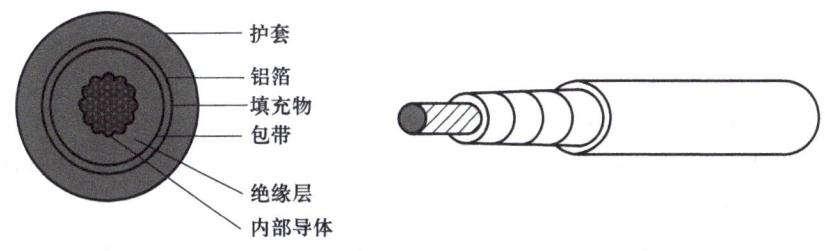

图 2-30　高压线束的结构

2）高压线束插接器

高压线束插接器的作用是保证线缆与用电设备能够便捷可靠地连接与拆卸。

在新能源汽车高压系统中,往往会用到大量的高压线束插接器。目前,国内新能源汽车高压线束插接器已经发展至第 4 代,如图 2-31 所示。

第1代高压线束插接器

第2代高压线束插接器

第3代高压线束插接器

第4代高压线束插接器

图 2-31　高压线束插接器

高压线束插接器一般包括卡扣、锁止扣和插头三种结构，以保证使用时不会插错，如果不解除锁止扣，无法拔出。插接器连接到位时都会听到卡扣锁止的声音，提醒操作者，因此高压插接器不要用蛮力拔插。

动力电池的高压线束接口与高压线束插接器的使用如图 2-32 所示。

图 2-32　动力电池高压线束接口与高压线束插接器的使用

3）比亚迪 e5 高压部件及高压线束

（1）比亚迪高压部件包括高压电控总成、永磁同步电机、动力电池、空调电动压缩机、空调 PTC 水加热器等，如图 2-33 所示。

（2）比亚迪 e5 高压线束主要包括动力电池高压线束、直流充电线束、交流充电线束、永磁同步电机线束、空调 PTC 水加热器线束、空调电动压缩机线束。

（3）动力电池正负极连接高压电控总成线束及接口，如图 2-34 所示。

（4）交流慢充口连接高压电控总成线束。通过家用 220 V 插座和交流充电桩接入交流充电口，通过车载充电设备将高压交流电转为高压直流电给动力电池充电。交流慢充线束如图 2-35 所示。

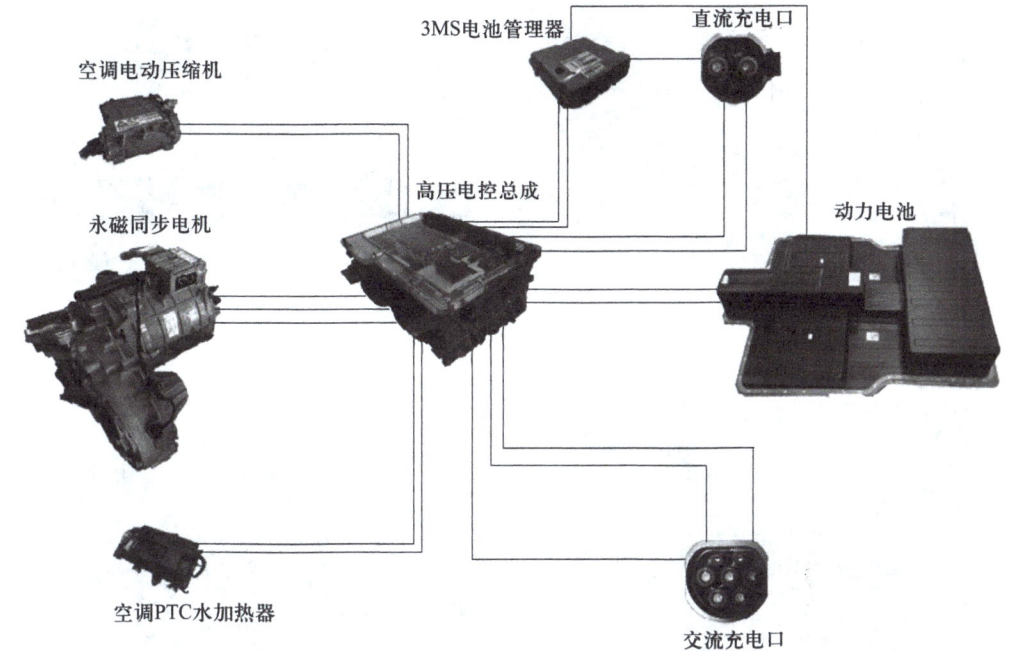

图 2-33 比亚迪 e5 高压部件

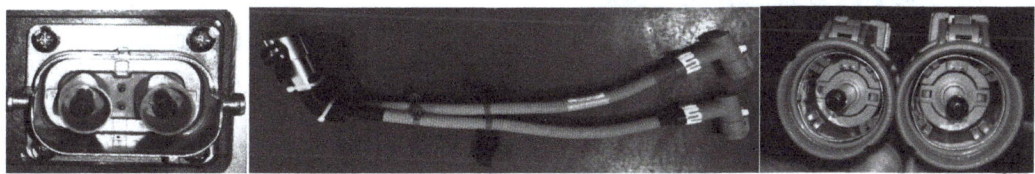

图 2-34 动力电池线束及接口

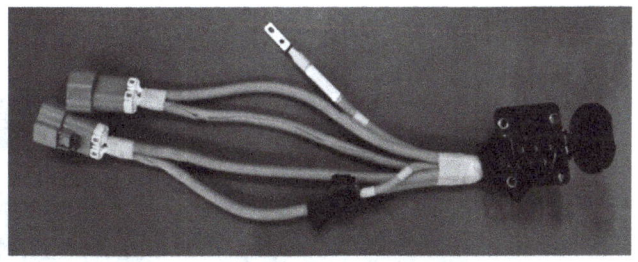

图 2-35 交流慢充线束

（5）直流快充口连接高压电控总成线束。通过直流充电柜将高压直流电通过直流充电口给动力电池充电。直流快充线束如图 2-36 所示。

（6）永磁同步电机线束如图 2-37 所示。

（7）空调电动压缩机连接高压电控总成（插头带高压互锁），如图 2-38 所示。

（8）空调 PTC 水加热器线束，空调 PTC 水加热器模块连接高压电控总成（插头带高压互锁），如图 2-39 所示。

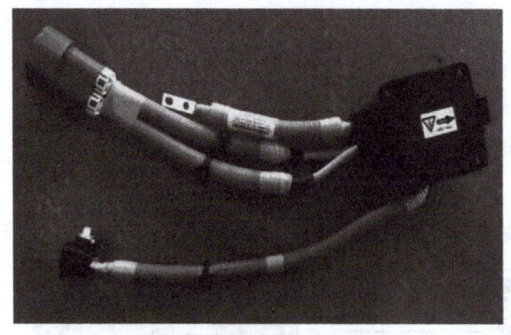
图 2-36 直流快充线束

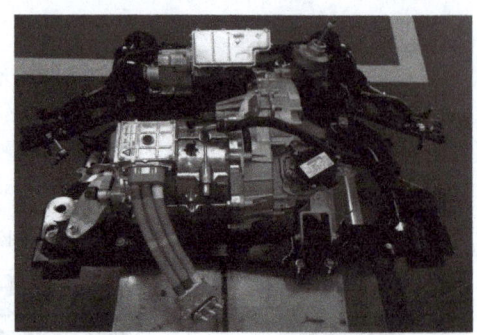
图 2-37 永磁同步电机线束

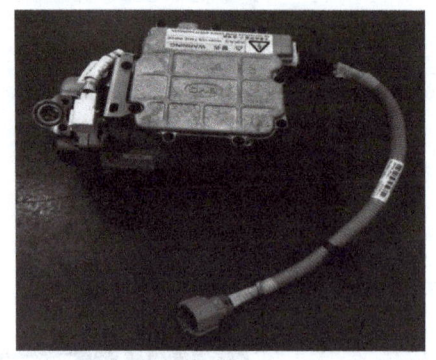
图 3-38 空调电动压缩机

图 2-39 空调 PTC 水加热器

2. 新能源汽车实训台高压部件及线束

新能源汽车实训台的高压部件包括动力电池总成、驱动电机总成、驱动电机控制器总成、DC-DC 总成、车载充电机总成。

新能源汽车实训台高压线束主要包括动力电池高压线束、直流快充高压线束、交流慢充高压线束、驱动电机高压线束，如图 2-40 所示。

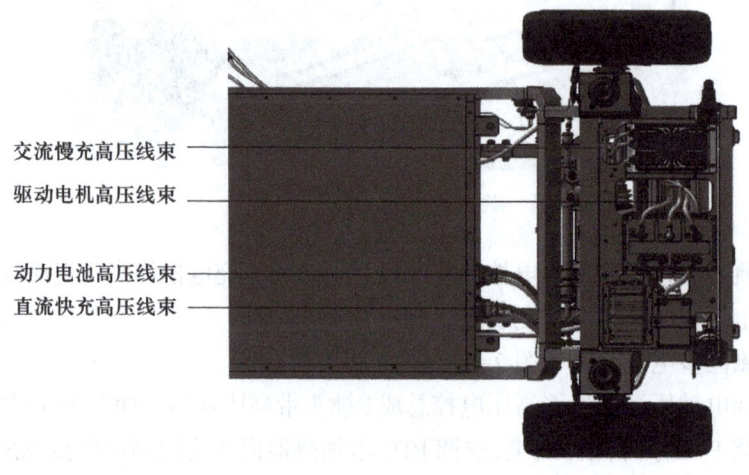
图 2-40 新能源汽车实训台高压线束

1)动力电池高压线束

动力电池高压正负极输出端连接至电机控制器正负极输入端线束,如图 2-41 所示。

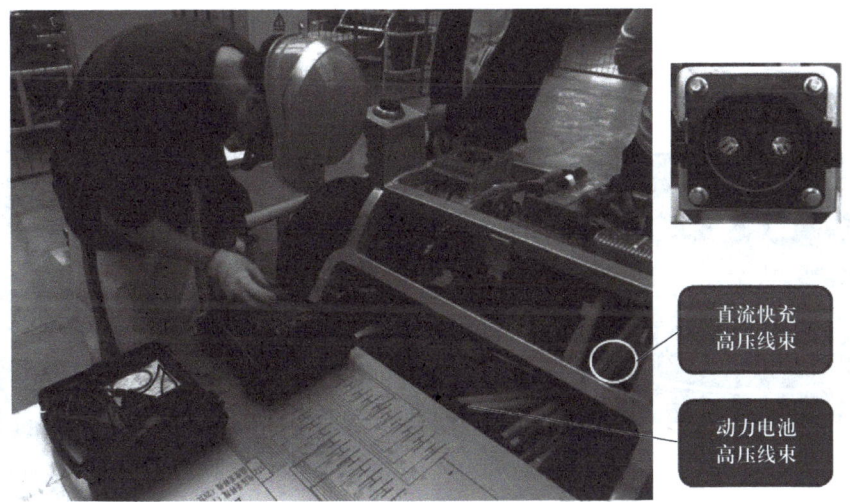

图 2-41 动力电池高压线束

2)直流快充高压线束

直流快充口连接动力电池高压线束。

3)交流慢充高压线束

交流慢充口连接车载充电机输入端线束、车载充电机输出端通过动力电池线束连接动力电池,如图 2-42 所示。

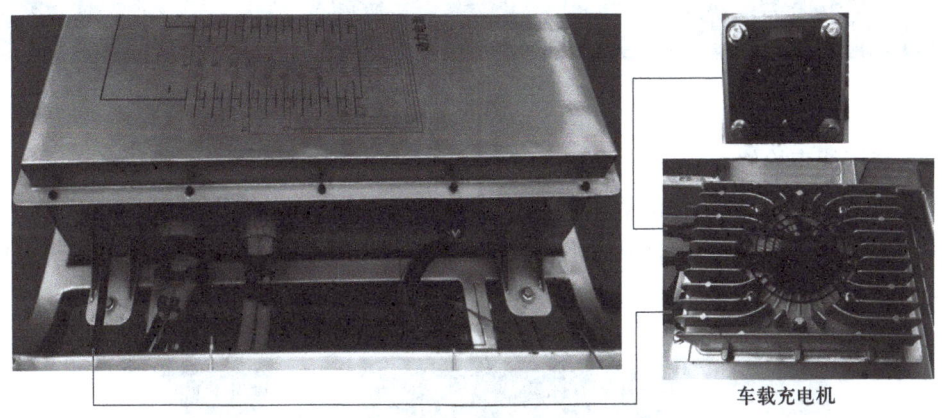

图 2-42 车载充电机线束连接

4)驱动电机高压线束

电机控制器连接驱动电机的三相(U 相、V 相、W 相)线束,如图 2-43 所示。

3. 新能源汽车高压线束检修

1)高压系统断电。关闭点火开关,拔下车钥匙,将钥匙移至遥控范围以外,并由相关人员保管。拆卸 12 V 低压蓄电池负极,等待 5~10 min,拔下高压维修开关(图 2-44),并妥善保管。

2）拆下高压线束插接器及线束，如图 2-45 所示。

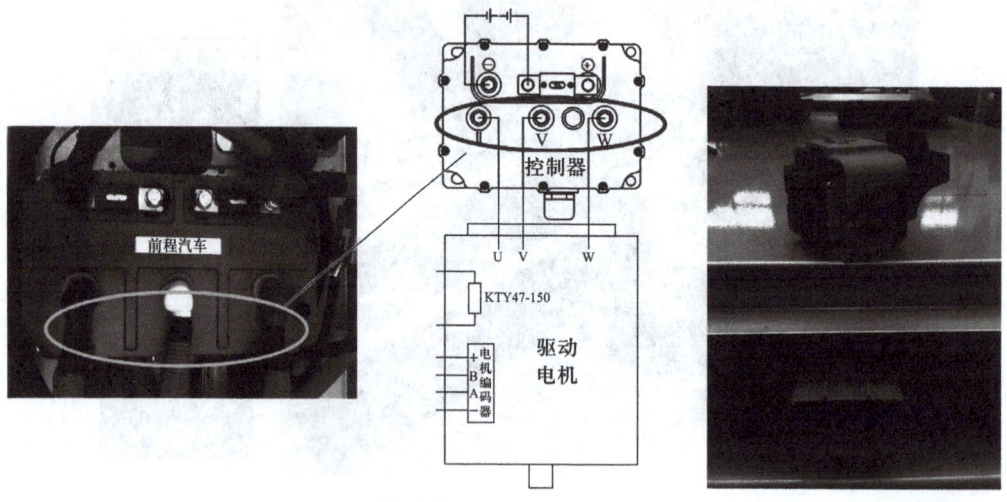

图 2-43　电机控制器高压线束　　　图 2-44　高压维修开关

 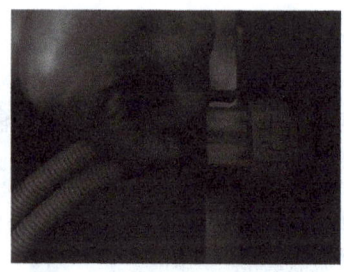 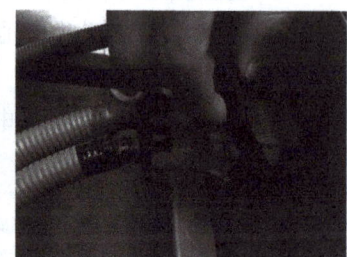

图 2-45　高压线束插接器断开操作

3）高压线束检修。

（1）检查线束外观是否正常、脏污或破损。

（2）线束导通性测试：使用万用表测量高压线束两侧电阻值，其标准值 <1Ω，如图 2-46 所示。

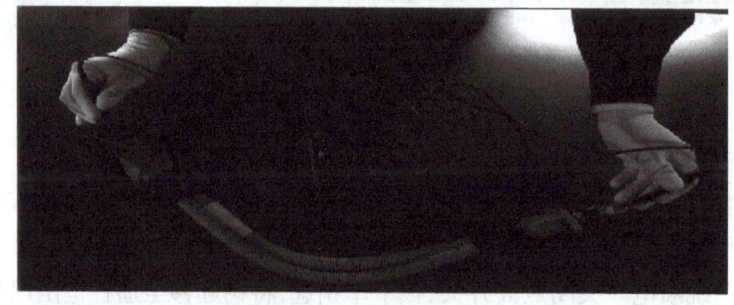

图 2-46　线束导通性测试

（3）线束绝缘性测试：选择绝缘电阻表量程为 1 000 V，测量高压线束至线束外壳的绝缘电阻值，其标准值 ≥ 20 MΩ。

学习任务

1. 信息（创设情境，提供资讯）

假设你是某 4S 店实习生小李的指导技师，小李向你请教关于新能源汽车上高压系统部件之间的连接关系、线束具体名称和功能。请通过小组学习完成对小李的指导。

独立工作，搜集新能源汽车高压系统线束连接相关信息，完成以下任务。

（1）请查阅资料，列出典型新能源汽车高压系统线束组成。

（2）请写出线束检修前，应对自身、场地和车辆进行的操作准备。

（3）请分析此任务中需要使用什么防护用具、检测工具。

（4）请阐述快充线束、慢充线束的组成及功能，并在实车或实训台上找到实物。

（5）请阐述动力电池线束、驱动电机线束的功能，并在实车或实训台上找到实物。

（6）请查阅资料，绘制高压系统线束连接关系图。

2. 计划（分析任务，制订计划）

个人/小组工作，根据高压系统线束认知与检修任务完成下列任务。

（1）请拟定高压系统线束认识与检修的准备项目（个人防护、现场安全）。

序号	检查项目	检查情况	参考值	是否合格

（2）根据绘制的高压系统线束连接关系图，确定线束认识与检修的具体步骤。

（3）根据现场情况，列出高压系统线束认识与检修全过程所需工具材料清单。

序号	名称	符号	型号	数量	规格
1					
2					
3					
4					
5					
6					
7					

3. 决策（集思广益，作出决定）

个人/小组工作，根据高压系统线束连接关系图完成下列任务。

（1）请参照相关技术文件，确定高压系统线束认识与检修流程及相关技术要求。

（2）请参考工作计划模板，制订高压系统线束认识与检修任务的小组工作计划，确认成员分工及计划时间，并记录工作要点。

序号	工作计划	职责	人员	计划工时	备注
1					
2					
3					
4					
5					
6					

4. 实施（分工合作，沟通交流）

（1）小组工作，按工作计划实施高压系统线束认识与检修任务，并记录。

序号	行动步骤	实施人员	实际用时	计划工时
1				
2				
3				
4				
5				
6				

（2）独立工作，选用合适的防护用具、检修工具进行高压线束认识与检修，并记录检查的关键点和结果。

步骤	检查关键点	测量方式	结果处理
1			
2			
3			
4			
5			
6			

5. 控制（查漏补缺，质量检测）

（1）个人/小组工作，明确检测要素及整改措施。

序号	检测要素	技术标准	是否完成	整改措施

续表

序号	检测要素	技术标准	是否完成	整改措施

（2）小组工作，检查各小组的工作实施情况，并记录。

检查项目	检查结果			需完善点	其他
	个人检查	小组检查	教师检查		
工时执行					
5S 执行					
质量成果					
学习投入					
获取知识					
技能水平					
安全、环保					
设备使用					
突发事件					

6. 评价（总结过程，任务评估）

（1）小组工作，向其他同学介绍自己的总结，描述收获、问题和改进措施。对于工作过程中的不足之处，征求其他同学的意见。

- 收获

- 问题

- 改进措施

● 他人意见

（2）请各小组按照评分标准进行工作过程自评和互评。

班级		被评组名		日期		
指标	评价要素			分数	自评	互评
信息检索	是否能有效利用网络资源、工作手册查找有效信息			5		
	是否能有条理地去解释、表述、应用所学知识			10		
感知工作	成员是否能熟悉自己的工作岗位,认同工作价值			5		
	成员在工作中是否获得满足感			5		
参与状态	成员与教师、同学之间是否相互尊重、理解、平等、有效沟通			15		
	成员是否能独立思考、倾听、协作分享			10		
学习方法	工作计划、操作技能是否符合规范要求			10		
	成员是否获得了进一步发展的能力			5		
工作过程	是否遵守管理规程,上课出勤和任务完成情况			10		
思维状态	是否能发现问题、分析问题、解决问题			15		
自评反馈	是否能严肃认真地对待自评,并能独立完成自测试题			10		
总分				100		
简要评述						

（3）请教师按照评分标准对各小组进行任务工作过程总评。

班级			组名		姓名		出勤	
指标			评价要素		分数	评价标准		师评
一	信息	口头或书面梳理任务要点	1. 仪态自然、吐字清晰		15	仪态不自然、含糊扣5分		
			2. 工作页表述准确,思路清晰、层次分明			工作页表述不准确、不清晰扣5分		
二	计划	制订工作计划并准备工具	1. 故障检修计划切实可行		15	工作计划不可行扣5分		
			2. 制订计划及工具清单列举合理			计划及清单不合理扣5分		
	决策	列出检修流程图及检修计划	1. 检修流程图逻辑清晰		20	每1处计划不合理扣2分		
			2. 制订合理的检修计划					

续表

班级			组名		姓名		出勤	
指标			评价要素		分数	评价标准		师评
三	实施	检修准备	工具、电路图、辅材准备		2	每漏1项扣1分		
		检修操作	1. 正确选择工具、相关电路图及辅材		3	每选择错误1项扣1分		
			2. 正确实施计划无失误（依据评分表）		15	与计划不符合视情况扣1分		
		现场	在工作过程中保持5S,设备、工具、电路图摆放整齐,工作现场恢复整理		10	每出现1项错误扣1分		
四	控制	检查工作质量	正确检查检修线束工作		10	自我正确检查工作步骤并分析,每错1项扣1分		
五	评价	工作过程评价	1. 自评		5			
			2. 互评		5			
			合计		100			

复习提高

一、填空题

1. 一根合格的高压线束由内部_____、_____、_____、_____、_____、_____等组成。

2. 比亚迪 e5 高压部件包括_____、_____、_____、_____、空调 PTC 水加热器等。

3. 高压插接器一般包括_____、_____和_____三种结构。

二、判断题

1.（　　）高压系统断电前,应关闭点火开关,拔下车钥匙,将钥匙移至遥控范围以外,并由相关人员管理好。

2.（　　）高压插接器的作用是保证线缆与用电设备能够便捷可靠地连接与拆卸。

学习模块 3
动力电池系统的结构与检修

基础知识 3.1 动力电池的结构

学习目标

知识目标：
1. 了解新能源汽车的动力电池的功能和作用。
2. 了解动力电池的结构。

能力目标：
1. 能够认识动力电池系统的各部件。
2. 掌握动力电池的类型与性能参数。

素养目标：
1. 培养自主学习、查找资料、制订计划的能力。
2. 培养从事汽车行业工作的职业素养。

学习模块 3 微课视频

知识导航

1. 动力电池原理

动力电池能够将化学能和电能进行相互转换。动力电池放电后，通过充电使内部活性物质再生把电能储存为化学能；需要放电时再次把化学能转换为电能。

2. 动力电池的类型

动力电池的类型，如图 3-1 所示。

1）镍氢电池

镍氢电池（Ni-MH battery，图 3-2），主要应用在混合动力汽车（HEV）和消费类电器产品两大领域。镍氢电池是一种碱性电池，其负极采用由储氢材料作为活性物质的氢化物（储氢合金），正极采用氢氧化镍，简称镍电极，电解质为氢氧化钾水溶液。

镍氢电池的结构如图 3-3 所示。

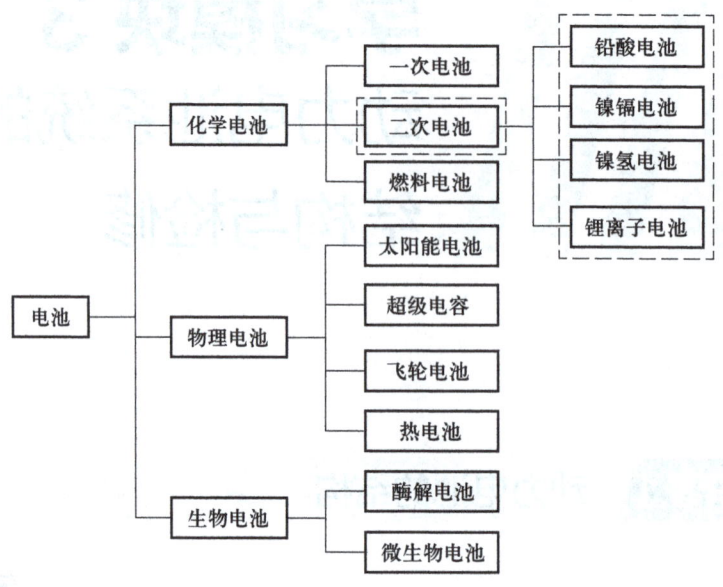

图 3-1 动力电池的类型

图 3-2 镍氢电池

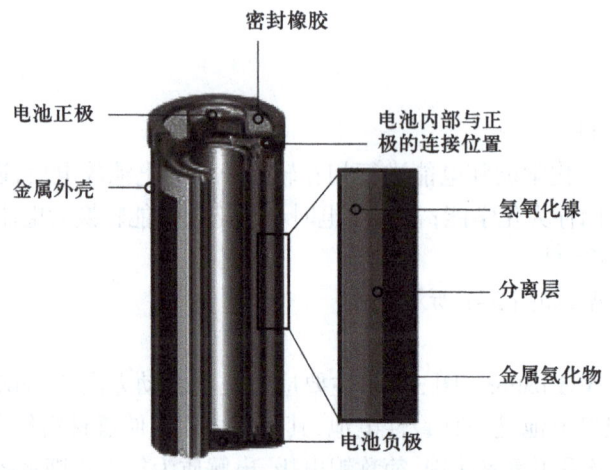

图 3-3 镍氢电池的结构

2）锂离子电池

（1）锂离子电池的结构

锂离子电池主要由电芯和保护板两大模块组成。电芯相当于锂电池的心脏,保护板相当于锂电池的大脑。电芯主要由正极材料、负极材料、电解液、隔膜和外壳构成,而保护板主要由保护芯片或管理芯片、MOS 场效应管、电阻、电容和印刷电路板等元件组成。封装形式主要有圆柱形、方形和软包。

（2）锂离子电池的工作原理

锂离子电池是一种可重复充电电池,它主要依靠锂离子在正极和负极之间移动来工作,如图 3-4 所示。

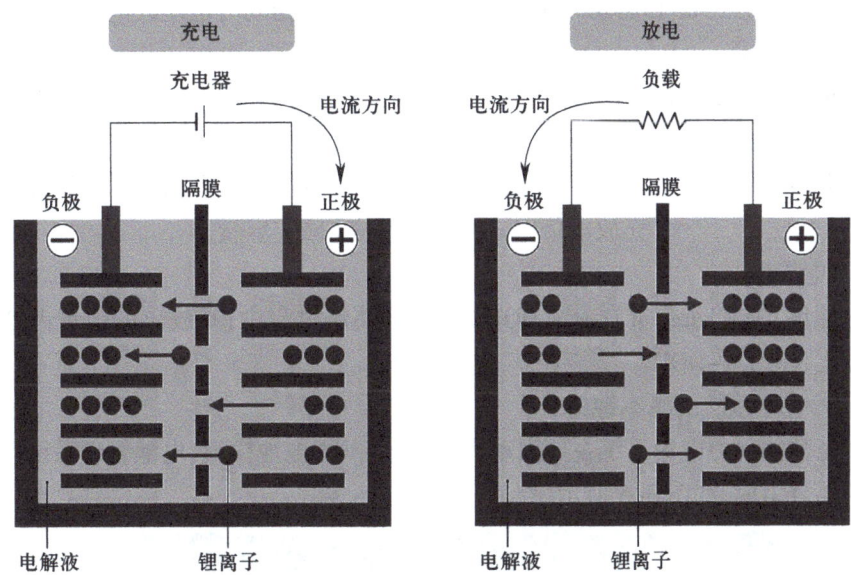

图 3-4　锂离子电池的工作原理

3. 动力电池的基本性能参数

1）额定电压

额定电压又称标称电压,单位为 V（伏特）。计算公式为

$$额定电压 = 单体电芯额定电压 \times 单体电芯串联数$$

2）电芯容量

电芯容量是指动力电池所能够储存的电量,是衡量动力电池性能的重要指标之一,单位常用 A·h（安培时）。计算公式为

$$电芯容量 = 单体电芯容量 \times 单体电芯并联数量$$

3）额定能量

额定能量是衡量电池性能的重要指标之一,单位为 W·h（瓦时）。计算公式为

$$动力电池额定能量 = 动力电池额定电压 \times 动力电池容量$$

4）比能量

比能量又称能量密度,分为质量比能量和体积比能量。质量比能量是指单位质量动

力电池所能输出的能量,又称质量能量密度,单位常用 W·h/kg。体积比能量是指单位体积动力电池所能输出的能量,又称体积能量密度,单位常用 W·h/L。常用比能量来比较不同动力电池系列的性能。

5)功率

动力电池的功率是指动力电池在一定放电条件下,单位时间内输出的能量,单位为 W 或 kW。

6)比功率

单位质量或单位体积动力电池输出的功率称为比功率,单位为 W/kg 或 W/L。

7)荷电状态

荷电状态(State-of-Charge,SOC)又称剩余电量,是指动力电池放电后剩余容量与全荷电容量的百分比。

当 SOC 为 0 时,表示动力电池放电完全;当 SOC 为 100% 时,表示电池完全充满。

8)充放电倍率

充放电倍率用来表示动力电池充、放电时电流大小的比率,即倍率。计算公式为

$$充放电倍率 = 充放电电流 / 额定容量$$

9)放电深度

放电深度(Discharge of Depth,DOD)为电池使用过程中,其放出的容量占其额定容量的百分比,SOC=1-DOD。

4. 动力电池系统的基本组成

一个完整的动力电池系统主要由动力电池箱、动力电池模组、电池管理系统以及辅助元器件四部分组成,如图 3-5 所示。

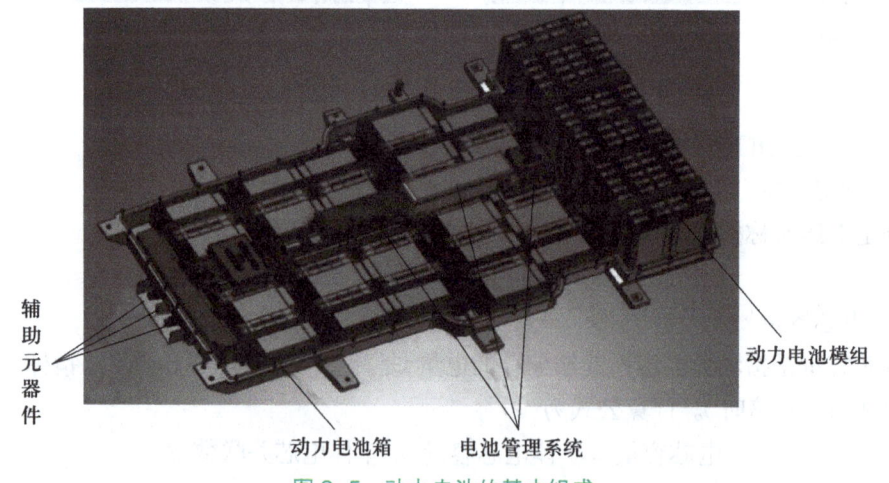

图 3-5 动力电池的基本组成

1)动力电池箱

动力电池箱用来支撑、固定和包围动力电池系统组件,具有承载保护动力电池模组及电气元件的作用,如图 3-6 所示。新能源汽车的动力电池箱大都是通过螺栓固定在车身底板下方,其防护等级为 IP67。

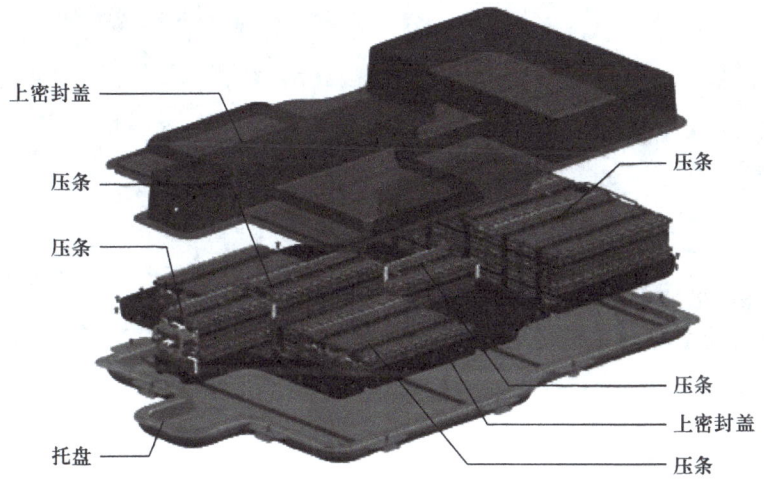

图 3-6 动力电池箱

2）动力电池模组

动力电池模组是指电池单体经过串联或并联的方式进行组合,并设置保护线路板及外壳后能够直接提供电能的组合体,如图 3-7 所示。

图 3-7 动力电池模组

北汽 EV200 所用的动力电池模组的连接方式为 3P91S,即 3 个电池单体并联组成一个单体,再由 91 个单体串联成动力电池总成。

3）电池管理系统

电池管理系统（Battery Management System,BMS）如图 3-8 所示。在基础知识 3.2 电池管理系统中会对 BMS 作详细介绍,此处不再展开介绍。

4）辅助元器件

（1）主控盒

主控盒用来控制总正继电器、总负继电器、加热继电器和预充继电器,还通过 CAN 总线与 VCU 进行通信,如图 3-9 所示。

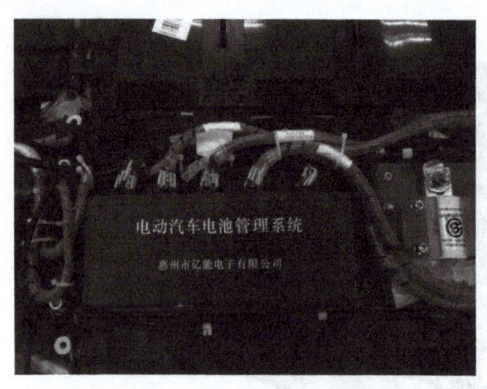

图 3-8　电池管理系统

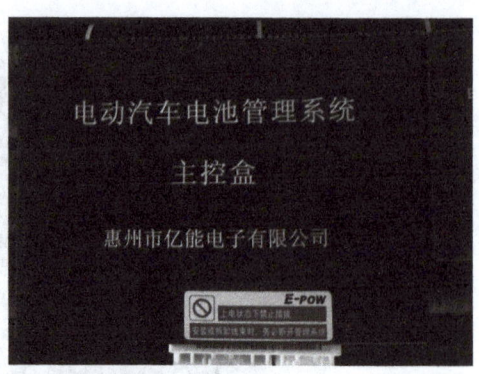

图 3-9　主控盒

（2）从控盒

从控盒用来采集左、右动力电池组的单体电压和模组温度,然后通过 CAN 总线将信息输送给主控盒,如图 3-10 所示。

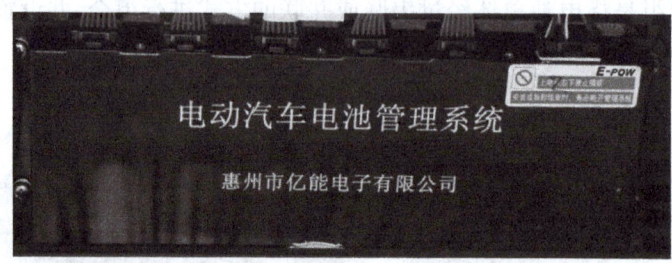

图 3-10　从控盒

（3）高压盒

高压盒（图 3-11）用来采集总电压、总电流以及动力电池的绝缘情况,并通过 CAN 总线将采集到的信息输送给主控盒。

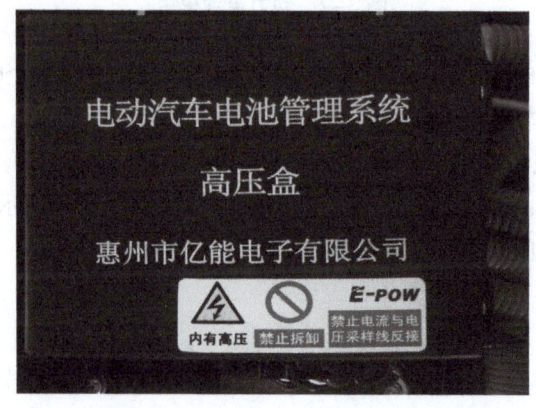

图 3-11　高压盒

(4）预充电阻与预充继电器

预充在放电和充电初期进行，预充电组和预充继电器配合工作，闭合预充继电器进行预充电，预充完成后断开预充继电器，如图3-12所示。

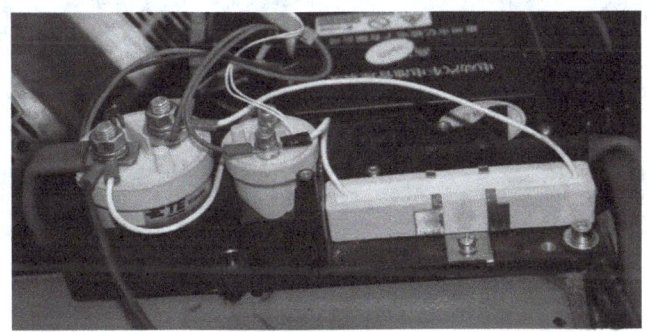

图3-12　预充电阻与预充继电器

(5）高压断路器

高压断路器（图3-13）串联在高压电路中，当电流超过规定值时断开电路，用于保护线路和其他用电设备。

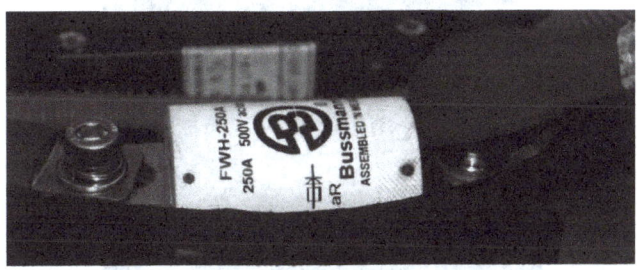

图3-13　高压断路器

(6）分流器

分流器（图3-14）用于监测母线充、放电电流的大小。

图3-14　分流器

(7）加热保险与加热继电器

在充电过程中，当电芯温度低于设定值时，BMS会控制加热继电器闭合，通过加热保险接通加热膜电路，如图3-15所示。

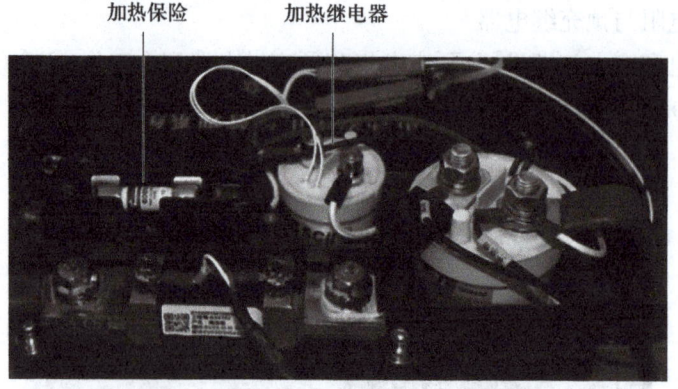

图 3-15 加热保险与加热继电器

（8）维修开关

维修开关（图 3-16）又称维护插接器，在特定时刻能够实现高压的电气隔离，是保证电动汽车高压电气安全的关键部件。在车辆维修或存在漏电危险的情况时，维修人员利用维修开关人工切断高压电路。

图 3-16 维修开关

复习提高

简答题

1. 请阐述电动汽车动力电池的作用。

2. 请阐述动力电池的类型。

3. 请阐述锂离子电池的工作原理。

4. 请查阅资料，阐述动力电池的基本性能参数。

5. 请写出动力电池的基本组成。

6. 请写出动力电池管理系统的基本组成。

7. 请写出动力电池辅助元器件。

基础知识 3.2　动力电池管理系统

学习目标

知识目标：
1. 了解动力电池管理系统的结构。
2. 了解动力电池管理系统的工作原理。

能力目标：
能够描述动力电池管理系统的功能。

素养目标：
1. 培养自主学习、查找资料、制订计划的能力。
2. 培养具备从事汽车行业工作的职业素养。

知识导航

1. 电池管理系统结构

电池管理系统用来对蓄电池组进行安全监控及有效管理,提高蓄电池的使用效率,达到增加续航里程,延长其使用寿命,降低运行成本的目的。电池管理系统可进一步提高电池组的可靠性,已经成为新能源汽车不可缺少的核心部件。

电池管理系统主要包括数据采集单元、计算以及控制单元、显示单元、执行单元和通信单元等,如图3-17所示。

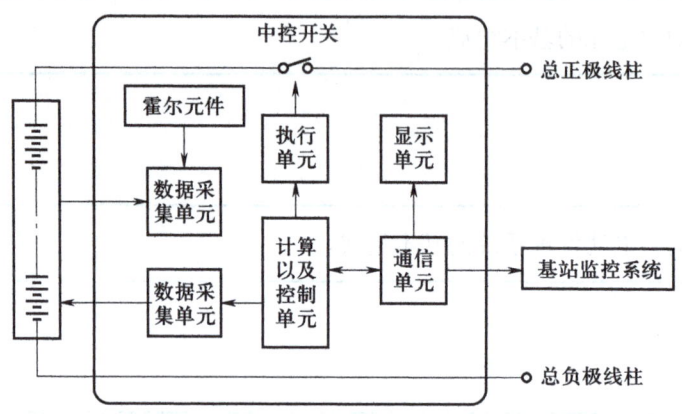

图3-17 电池管理系统组成

电池管理系统的软件的作用是监测动力电池的电压、电流、SOC值、绝缘电阻值、温度值,通过与VCU、充电机的通信,控制动力电池系统的充放电。

2. 电池管理系统的工作原理

数据采集单元(传感器)采集动力电池状态信号(电压、电流、温度等)数据后,通过CAN总线将数据传送给计算以及控制单元进行数据处理和分析。然后电池管理系统根据分析结果对系统内的相关功能模块(执行单元)发出控制指令,并向外界传递参数信息。

电池管理系统也能通过CAN总线与组合仪表、充电机等进行通信,实现参数显示、充电监控等功能。

3. 电池管理系统的功能

电池管理系统的功能主要包括数据采集、状态估计、热管理、数据显示、数据通信、安全管理、能量管理和故障诊断,如图3-18所示。

1)数据采集

数据采集是电池管理系统所有功能的基础,需要采集电池组总电压、电流、温度等信息。电池的荷电状态和剩余电量的计算、充放电优化、故障预警等功能都是以监测的各种电池参数为依据的,如图3-19所示。

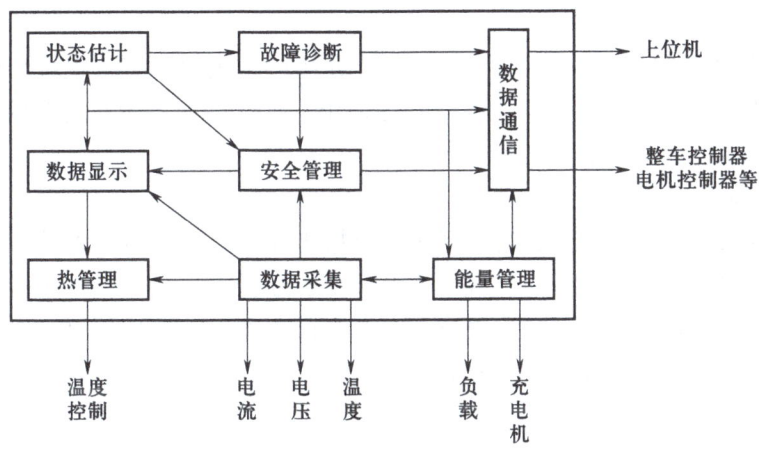

图 3-18 电池管理系统功能

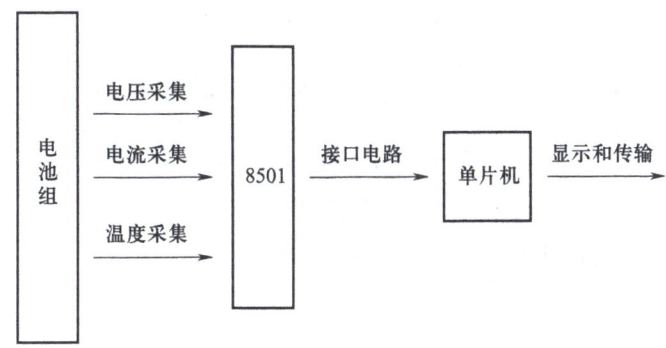

图 3-19 电池管理系统数据采集

2）状态估计

（1）荷电状态估计

荷电状态用来提示动力电池的剩余电量，是计算新能源汽车续驶里程的基础，帮助驾驶员判断续航里程，合理安排充电时间，如图 3-20 所示。

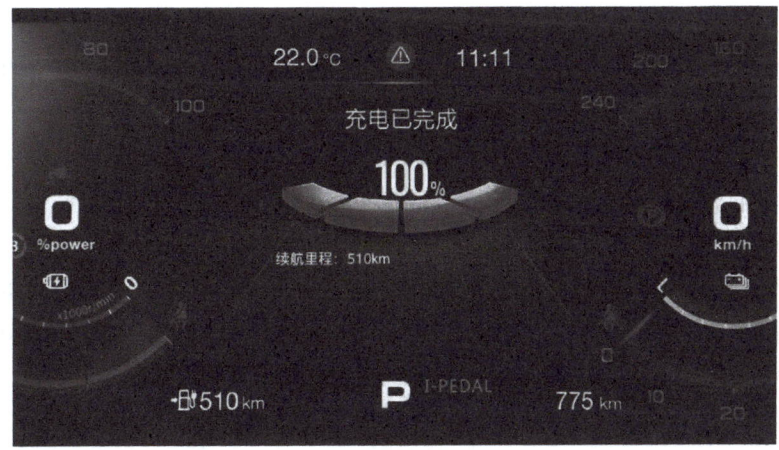

图 3-20 荷电状态估计

（2）健康状态估计

健康状态（State of Health，SOH）用来表示动力电池的健康状态，也就是动力电池的性能状态或老化程度。按照标准，当动力电池使用一段时间后，它充满电时的容量低于额定容量的80%后，动力电池就应该被更换。

3）热管理

热管理主要是对动力电池的冷却系统和冷却装置（风扇或液泵）的检测及控制。当动力电池的工作温度高于适宜工作温度上限时对动力电池进行冷却，低于适宜工作温度下限时对动力电池进行加热，使动力电池处于适宜的工作温度范围内，并在工作过程中保持电池单体间温度的均衡，如图3-21所示。

图3-21　动力电池热管理

4）数据显示与通信

通过电池管理系统实现电池参数和信息与车载设备或非车载设备的通信，为充放电控制、整车控制提供数据依据，是电池管理系统的重要功能之一，根据应用需要，数据交换可采用不同的通信接口。

根据设计的需要设置显示信息以及控制按键、旋钮等。电池管理系统的工作原理可简单归纳为：数据采集电路采集电池状态信息数据后，由电子控制单元（ECU）进行数据处理和分析，电池管理系统根据分析结果对系统内的相关功能模块发出控制指令，并向外界传递参数信息。

5）安全管理

电池管理系统监测电池电压、电流、温度是否超过正常范围，防止电池组过充、过放。目前，多数电池管理系统已经发展到在对电池组进行整组监控的同时，对极端单体电池进行过充电、过放电、过热等安全状态管理。

6）能量管理

能量管理是指对动力电池的充放电控制，即按事先设定的充放电控制标准，根据SOC、

SOH 和温度来限定动力电池的充放电电流,并对电池单体或模块进行电量均衡等,可有效防止过充或过放。能量管理主要包括充电过程控制、放电功率控制及均衡控制三个部分。

(1)充电过程控制

在充电过程中,BMS 和充电机联机通信交换数据,共同实现对动力电池的优化充电,做到尽可能减少对任何电池单体的损坏,同时提高充电效率。

(2)放电功率控制

放电功率控制是以 SOC、SOH 和温度等参数为条件来进行的。BMS 与负载控制连接,根据动力电池状态,控制动力电池电流,调整放电功率,避免动力电池过度放电。

(3)均衡控制

均衡控制是在监控充电和过放电的前提下进行的。当检测到单体电池电压差过大时,通过能量消耗或者能量转移的方式,实施均衡控制,如图 3-22 所示。

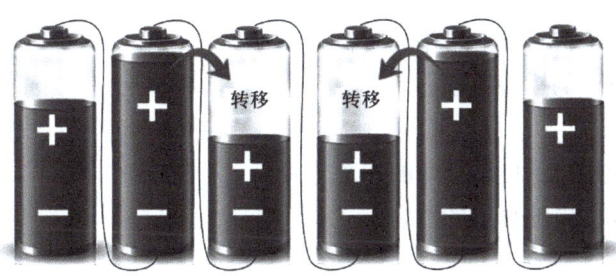

图 3-22 均衡控制

复习提高

简答题

1. 请查阅资料,阐述新能源汽车动力电池管理系统的组成。

2. 请查阅资料,阐述新能源汽车动力电池管理系统的工作原理。

3. 请查阅资料,阐述新能源汽车动力电池管理系统的主要功能。

学习情景 3.1　动力电池的更换

学习目标

知识目标：
1. 了解动力电池更换作业常用的防护用品。
2. 掌握动力电池的拆装流程。

能力目标：
1. 能够正确使用电池更换作业的相关工具。
2. 能够进行动力电池总成的拆装。

素养目标：
1. 培养学生自主学习、查找资料、制订计划的能力。
2. 培养学生从事汽车行业工作的职业素养。

知识导航

1. 动力电池拆卸前的准备

（1）防护装备：防护用品一套（工作服、绝缘劳保鞋、护目镜、绝缘头盔、绝缘手套）。

（2）车辆、台架、总成：北汽新能源 EV160 电动汽车,如图 3-23 所示。

图 3-23　电动汽车

（3）工具、设备：充电器、电池组托架、专用测试仪、蓄电池拆装专用工具、新能源汽车维修组合工具。

（4）辅助材料：高压电维修警示牌和设备、绝缘地胶、二氧化碳类型灭火器、清洁剂布。

注意事项：高压操作前，维修人员必须穿戴好劳保用品，戴绝缘手套，穿绝缘劳保鞋。在戴绝缘手套前，必须检查绝缘手套是否破损，确保绝缘手套无绝缘失效，如图 3-24 所示。

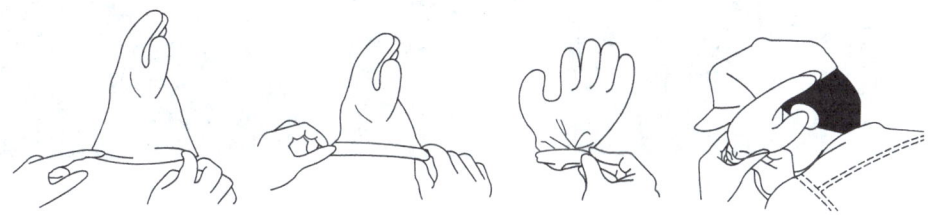

图 3-24　绝缘手套检查

2. 动力电池总成拆卸

1）松开蓄电池负极。选用 10 mm 扳手拧松蓄电池负极线固定螺栓，取下负极线，并对负极端子做好防护，如图 3-25 所示。

注意事项：

（1）拆卸蓄电池负极前，必须关闭点火开关，并妥善保管车钥匙。

（2）等待 15 min 后才可进行下一步操作。

（3）拆卸高压零部件前，必须做好防护措施。拆卸时，必须使用绝缘工具。

2）将车辆举升至合适的高度，如图 3-26 所示。

图 3-25　拆卸蓄电池负极

图 3-26　举升车辆

3）使用棘轮扳手、接杆、10 mm 套筒拆卸固定护板的 9 颗螺栓，如图 3-27 所示。

4）取出全部固定螺栓，取下护板，如图 3-28 所示。

5）拆卸动力电池低压控制线束插接器，如图 3-29 所示。

6）拆卸动力电池高压线束插接器，如图 3-30 所示。

图 3-27 拆卸护板上的固定螺栓

图 3-28 拆卸护板

图 3-29 拆卸低压控制线束

图 3-30 拆卸高压线束

7）将动力电池举升支架推入车辆底部、动力电池正下方,如图 3-31 所示。动力电池举升支架放置的位置,必须在动力电池正下方,且不能挡住需要拆卸的螺栓。

8）锁止动力电池举升支架滑动轮制动器。为防止在拆卸动力电池时,动力电池举升支架随意滑移,必须踩下两个滑动轮制动器。

9）将动力电池举升支架调至合适的高度,将动力电池托住,如图 3-32 所示。

图 3-31 放置动力电池举升支架

图 3-32 调整举升支架高度

10）选用棘轮扳手、接杆和18 mm套筒，按顺序拆卸固定动力电池总成的8颗螺栓，降下动力电池举升支架与动力电池。

3. 动力电池总成安装

1）将动力电池置于动力电池举升台架上，举升动力电池至合适高度。

2）检查动力电池定位销是否安装到车辆下方定位孔中。

3）再次举升动力电池台架，使动力电池与车架贴合。

4）使用棘轮扳手、18 mm套筒，对角旋入固定动力电池的8颗螺栓，如图3-33所示。

5）降下动力电池举升支架，并将其推离放回原位。

6）安装动力电池高压线束插接器，并将高压线束互锁端口锁紧，如图3-34所示。

7）安装动力电池低压控制线束。

8）将举升的车辆降至地面，安装辅助蓄电池负极端子。

图3-33　紧固螺栓

图3-34　安装高压线束插接器

学习任务

1. 信息（创设情境，提供资讯）

在驾驶一台新能源电动汽车时，一个仪表上面的动力电池故障灯突然点亮。于是将车辆驶至4S店进行检修，经检查发现需要对动力电池进行更换。请通过小组的共同努力，完成动力电池更换作业。

独立工作，搜集动力电池及其控制策略方面信息，完成以下任务。

（1）请查阅资料，阐述动力电池拆卸前需要做什么准备工作。

（2）请查阅资料，阐述动力电池举升支架的使用方法。

（3）请查阅资料，阐述举升机的使用注意事项。

（4）请查阅资料，写出动力电池固定螺栓扭力标准值。

（5）请查阅资料，说明拆卸动力电池前，应先拆卸蓄电池负极的原因。

2. 计划（分析任务，制订计划）

个人/小组工作，根据动力电池更换作业要求完成下列任务。

（1）请记录动力电池更换前需测试的参数。

序号	测试参数	实际测试值	参考值	是否合格

（2）请根据动力电池更换作业要求，制订动力电池更换实施步骤。

（3）请根据现场情况，列出动力电池更换过程中所需工具及材料清单。

序号	名称	符号	型号	数量	规格
1					
2					
3					
4					
5					
6					

3. 决策（集思广益，做出决定）

个人/小组工作，根据动力电池更换作业要求及完成下列任务。

（1）请参照相关技术文件，列出作业过程注意事项。

（2）请参考工作计划模板，制订动力电池更换作业的小组工作计划表，确认成员分工及计划时间，并记录工作要点。

序号	工作计划	职责	人员	计划工时	备注
1					
2					
3					
4					
5					
6					

4. 实施（分工合作，沟通交流）

（1）小组工作，按工作计划实施动力电池更换作业并记录。

序号	行动步骤	实施人员	实际用时	计划工时
1				
2				
3				
4				
5				
6				

（2）独立工作，严格按照操作程序，选用合适工具及设备开展动力电池更换作业，并记录检查关键点和结果。

步骤	检查关键点	测量方式	结果处理
1			
2			
3			
4			
5			
6			

5. 控制（查漏补缺,质量检测）

（1）个人/小组工作,明确检测要素及整改措施。

序号	检测要素	技术标准	是否完成	整改措施

（2）小组工作,检查各小组的工作实施情况并记录。

检查项目	检查结果			需完善点	其他
	个人检查	小组检查	教师检查		
工时执行					
5S 执行					
质量成果					
学习投入					
获取知识					
技能水平					
安全、环保					
设备使用					
突发事件					

6. 评价（总结过程,任务评估）

（1）小组工作,向其他同学介绍自己的总结,描述收获、问题和改进措施。对于工作过程中的不足之处,征求其他同学的改进意见。

- 收获

- 问题

- 改进措施

- 他人意见

（2）请小组之间按照评分标准进行工作过程自评和互评。

班级		被评组名		日期		
指标		评价要素		分数	自评	互评
信息检索		是否能有效利用网络资源、工作手册查找有效信息		5		
		是否能有条理地去解释、表述、应用所学知识		10		
感知工作		成员是否能熟悉自己的工作岗位，认同工作价值		5		
		成员在工作中是否获得满足感		5		
参与状态		成员与教师、同学之间是否相互尊重、理解、平等、有效沟通		15		
		成员是否能独立思考、能够倾听、协作分享		10		
学习方法		工作计划、操作技能是否符合规范要求		10		
		成员是否获得了进一步发展的能力		5		
工作过程		是否遵守管理规程，上课出勤和任务完成情况		10		
思维状态		是否能发现问题、分析问题、解决问题		15		
自评反馈		是否能严肃认真地对待自评，并能独立完成自测试题		10		
		总分		100		
简要评述						

（3）请教师按照评分标准对各小组进行任务工作过程总评。

班级			组名		姓名		出勤	
指标			评价要素		分数	评价标准		师评
一	信息	口头或书面梳理任务要点	1. 仪态自然、吐字清晰		15	仪态不自然、含糊扣5分		
			2. 工作页表述准确, 思路清晰、层次分明			工作页表述不准确、不清晰扣5分		
二	计划	制订工作计划并准备工具	1. 工作计划切实可行		15	工作计划不可行扣5分		
			2. 制订计划及工具清单列举合理			计划及清单不合理扣5分		
	决策	列出检修流程图及检修计划	1. 检修流程图逻辑清晰		20	行1处计划不合理扣2分		
			2. 制订合理的检修计划					

续表

班级		组名		姓名		出勤	
指标		评价要素	分数	评价标准			师评
三 实施	检修准备	1. 工具、电路图、辅材准备	2	每漏1项扣1分			
	检测操作	2. 正确选择工具、相关电路图及辅材	3	选择错误扣1分			
		3. 正确实施计划无失误（依据评分表）	15	与计划不符合视情况扣1分			
	现场	4. 在工作过程中保持5S，设备、工具、电路图摆放整齐，工作现场恢复整理	10	每出现1项扣1分			
四 控制	检查工作质量	正确检查检修流程、具体检修部件、线路	10	自我正确检查工作步骤并分析，每错1项扣1分			
五 评价	工作过程评价	1. 合理自评	5				
		2. 合理互评	5				
		合计	100				

复习提高

简答题

1. 阐述动力电池的拆卸、安装步骤。

2. 阐述动力电池的拆卸、安装注意事项。

学习情景 3.2　动力电池系统故障检修

学习目标

知识目标：
1. 了解动力电池绝缘故障和漏电故障的处理方法。
2. 掌握新能源汽车高压断电的操作步骤和注意事项。

能力目标：
1. 能够正确进行动力电池绝缘故障和漏电故障检测。
2. 能够做好高压安全防护，规范地完成新能源车辆的高压断电。
3. 能够规范进行动力电池的拆卸、安装。

素养目标：
1. 提升逻辑思维能力。
2. 树立安全第一意识。
3. 提升知识迁移能力。
4. 能够考虑安全与环保因素，遵守工位 5S 与安全规范。

知识导航

1. 动力电池绝缘故障

1）电解液泄漏、外部液体侵入、绝缘层被破坏等因素会造成动力电池模组或单体出现异常的导电回路而导致绝缘故障。此类故障发生后可能会造成较严重的后果，如起动烧蚀、电池单体短路等。

2）电池管理系统有大量线缆通过插接器接入，若出现凝露或电金属迁移等，容易在内部产生各种潜在导通路径，出现绝缘故障。

3）动力电池模组内部由于振动、冲击等导致磨损、错位，若出现绝缘纸、蓝膜失效等情况，会导致绝缘故障。

4）当电池管理系统和高压控制盒出现高压隔离失效时，也会发生绝缘故障。

5）高压电缆、高压插接器绝缘故障。此类故障的原因主要有两种：一种是配件的质量问题，供应商处理高压电缆屏蔽层的工艺不合格，导致屏蔽丝与功率端子异常接触，引起绝缘故障；另一种是绝缘层在长时间运行后老化，导致绝缘性能降低或绝缘层开裂，引起绝缘故障。

2. 动力电池漏电故障检修

1）仪表指示灯

比亚迪 e5 电动汽车的仪表指示灯说明如图 3-35 所示。

指示灯/警告灯

符号	说明	符号	说明
(!)	驻车转动故障警告灯	ESP OFF	ESP OFF警告灯（装有时）
安全带图标	驾驶员座椅安全带指示灯	防盗图标	防盗指示灯
电池图标	充电系统警告灯	⚠	主告警指示灯
前雾灯图标	前雾灯指示灯	ECO	ECO指示灯（装有时）
后雾灯图标	后雾灯指示灯	电量图标	动力电池电量低警告灯
钥匙图标	智能钥匙系统警告灯	电池!	动力电池故障警告灯
(ABS)	ABS故障警告灯	(!)	胎压故障警告灯（装有时）
温度图标	电机冷却液温度过高警告灯	(P)	电子驻车状态指示灯
ESP图标	ESP故障警告灯（装有时）	OK	OK指示灯
车门图标	车门状态指示灯	扳手图标	动力系统故障警告灯
SRS图标	SRS故障警告灯	电池加热图标	动力电池过热警告灯
方向盘!	EPS故障指示灯	充电图标	动力电池充电连接指示灯
小灯图标	小灯指示灯	巡航图标	巡航主指示灯（装有时）
远光灯图标	远光灯指示灯	SET	巡航控制指示灯（装有时）
←→	转向指示灯		

图 3-35　比亚迪 e5 仪表指示灯说明

2）故障显示

当动力电池出现故障时，仪表指示灯亮，报动力系统故障"请检查动力系统"。

3）电池管理系统故障处理措施

（1）行车工况：当车速大于 2 km/h 的行车状态下发生绝缘故障时，电池管理系统仅上报故障，车辆控制单元不做任何处理。当车速不大于 2 km/h 的行车状态下发生绝缘故障时，考虑到整车安全，电池管理系统监测到绝缘故障时，立即上报故障并切断高压系统，车辆控制单元进行高压下电，禁止再次高压上电。

（2）充电工况：电池管理系统对于充电状态下绝缘故障的处理方式是上报故障，立即切断高压系统；车辆控制单元进行高压下电，同时解除充电状态。

（3）碰撞工况：当碰撞工况下发生高压系统的绝缘故障时，电池管理系统立即上报和下电高压处理，车辆控制单元进行高压下电，同时禁止高压上电。

4）故障检修

（1）读取故障码：将故障诊断仪的 OBD 接口连接汽车诊断座。

（2）将电源开关置于"ON"挡位,打开故障诊断仪读取故障码,如图3-36所示。

5）故障诊断仪的故障码

故障诊断仪的故障码见表3-1。

图3-36　故障诊断仪

表3-1　故障诊断仪的故障码

序号	故障码	描述	应检查部位
1	P1A0000	严重漏电故障	检查动力电池、四合一、空调压缩机和空调PTC水加热器
2	P1A0100	一般漏电故障	检查动力电池、四合一、空调压缩机和空调PTC水加热器

6）高压断电操作

（1）关闭点火开关,拔下车钥匙,将钥匙移至遥控范围以外,并由相关人员保管。拆卸12 V低压蓄电池负极,等待5~10 min,拔下高压电池上的维修开关,并妥善保管。

（2）断开动力电池高压输出正、负极母线插头、高压直流母线。比亚迪e5动力电池正、负极母线及接口分别如图3-37、图3-38所示。

（3）动力电池绝缘故障检测

当车辆高压系统出现绝缘故障时,应检查动力电池及各高压部件外观,查看外壳防护罩是否损坏、冷系统是否漏液;查看动力电池直流母线所接插件是否有水灯情况。区分是动力电池内部故障,还是动力电池外部高压系统故障。

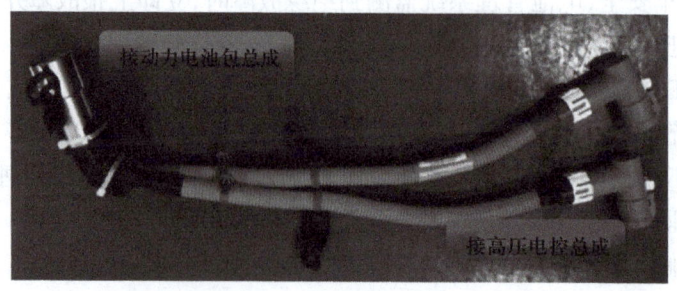

图3-37　比亚迪e5动力电池正、负极母线

图 3-38　比亚迪 e5 动力电池正、负极母线插孔、控制线束接口

动力电池内部绝缘故障检测：断开动力电池所插接件，使用高压绝缘检测仪或兆欧表测量高压正、负极母线对外壳的绝缘电阻值，如图 3-39 所示。

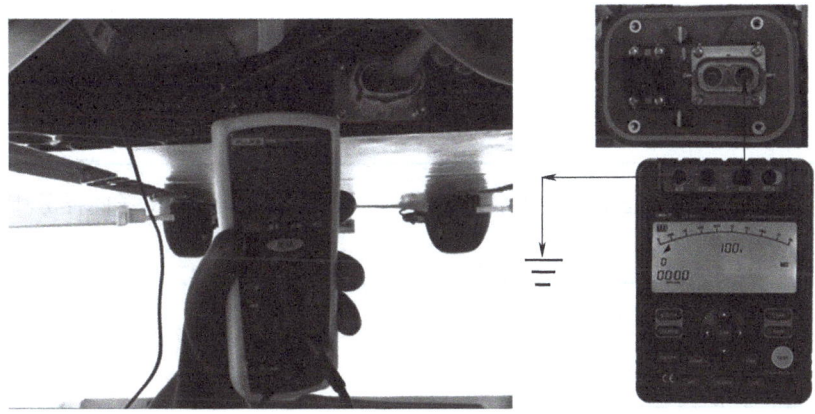

图 3-39　正、负极母线绝缘电阻测量

当动力电池发生外部故障时，检查各高压部件及线束绝缘电阻值是否符合要求。高压系统绝缘性能要求见表 3-2。

表 3-2　高压系统绝缘性能要求

高压零部件	参考值
动力电池	正、负极对外壳（车身地）绝缘阻值 ≥ 20MΩ
车载充电机	高压输入端、输出端对外壳（车身地）绝缘阻值 ≥ 20MΩ
电机控制器、永磁电机	高压输入端、输出端对对外壳（车身地）绝缘阻值 ≥ 20MΩ
空调压缩机	高压输入端对外壳（车身地）绝缘阻值 ≥ 20MΩ
空调 PTC 水加热器	高压输入端对外壳（车身地）绝缘阻值 ≥ 20MΩ
交流充电口	L、N 对 PE 的绝缘阻值 ≥ 20MΩ
直流充电口	DC-、DC+ 对 PE 的绝缘阻值 ≥ 20M

学习任务

1. 信息（创设情境，提供资讯）

一台新能源电动汽车行驶时，仪表上面的动力电池故障警示灯突然点亮，于是将车辆驶至4S店进行检修。现需要你对该车辆的动力电池及控制系统进行故障排查。

独立工作，搜集动力电池及其控制策略相关信息，完成以下任务。

（1）请查阅资料，阐述动力电池系统的工作原理。

（2）请查阅资料，阐述此车型动力电池及管理系统的安装位置，并在实车或台架上找到实物。

（3）请查阅资料，阐述动力电池各个检测项目的检测方法，并思考此任务中需要用到哪种检测方法。

（4）请分析此任务需要使用哪些工具。

（5）请写出本任务中动力电池检测项目对照的标准值。

（6）请查阅资料，绘制动力电池及控制系统电气原理图（含针脚定义）。

2. 计划（分析任务，制订计划）

个人/小组工作，根据动力电池故障检修要求完成下列任务。

（1）请根据动力电池系统电气原理图，拟定需测试参数及说明表。

序号	测试参数	实际测试值	参考值	是否合格

（2）请根据动力电池故障检修要求及电气原理图，写出本任务具体实施步骤。

（3）请根据现场情况，列出动力电池故障检修任务所需元器件及材料清单。

序号	名称	型号	数量	规格
1				
2				
3				
4				
5				
6				
7				
8				

3. 决策（集思广益，做出决定）

个人/小组工作，根据动力电池故障检修要求及电气控制原理图完成下列任务。

（1）请参照相关相关技术文件，绘制各测量项目示意简图。

| |
| |
| |
| |

（2）请参考工作计划模板，制订动力电池故障检修任务小组工作计划表，确认成员分工及计划时间，并记录工作要点。

序号	工作计划	职责	人员	计划工时	备注
1					
2					
3					
4					
5					
6					

4. 实施（分工合作，沟通交流）

（1）小组工作，按工作计划实施动力电池故障检修工作。

序号	行动步骤	实施人员	实际用时	计划工时
1				
2				
3				
4				
5				
6				

（2）独立工作，选用万用表合适量程对动力电池及控制系统进行检查。记录检查关键点和结果。

步骤	检查关键点	测量方式	结果处理
1			
2			
3			
4			
5			
6			
7			

5. 控制（查漏补缺，质量检测）

（1）个人/小组工作，明确检测要素及整改措施。

序号	检测要素	技术标准	是否完成	整改措施

（2）小组工作，检查各小组的工作实施情况。

检查项目	检查结果			需完善点	其他
	个人检查	小组检查	教师检查		
工时执行					
5S 执行					
质量成果					
学习投入					
获取知识					
技能水平					
安全、环保					
设备使用					
突发事件					

6. 评价（总结过程，任务评估）

（1）小组工作，向其他同学介绍自己的总结，描述收获、问题和改进措施。对于工作中的不足之处，征求其他同学的意见。

- 收获

- 问题

- 改进措施

- 别人给自己的意见

（2）请小组之间按照评分标准进行工作过程自评和互评。

班级		被评组名		日期			
指标	评价要素				分数	自评	互评
信息检索	是否能有效利用网络资源、工作手册查找有效信息				5		
	是否能有条理地解释、表述、应用所学知识				10		
感知工作	成员是否能熟悉自己的工作岗位，认同工作价值				5		
	成员在工作中是否获得满足感				5		
参与状态	成员与教师、同学之间是否相互尊重、理解、平等、有效沟通				15		
	成员是否能独立思考、能够倾听、协作分享				10		
学习方法	工作计划、操作技能是否符合规范要求				10		
	成员是否获得了进一步发展的能力				5		
工作过程	是否遵守管理规程，上课出勤和任务完成情况				10		
思维状态	是否能发现问题、分析问题、解决问题				15		
自评反馈	是否能严肃认真地对待自评，以及独立完成自测题				10		
总分					100		
简要评述							

（3）请教师按照评分标准对各小组进行任务工作过程总评。

班级			组名		姓名		出勤	
指标			评价要素	分数	评价标准			师评
一	信息	口头或书面梳理任务要点	1. 仪态自然、吐字清晰	15	仪态不自然、含糊扣5分			
			2. 工作页表述准确,思路清晰、层次分明		工作页表述不准确、不清晰扣5分			
二	计划	制订工作计划并准备工具	1. 故障检修计划切实可行	15	工作计划不可行扣5分			
			2. 计划及工具清单列举合理		计划及清单不合理扣5分			
	决策	列出故障检修流程图及具体计划	1. 故障检修流程图逻辑清晰 2. 制订详细合理的检修计划	20	每1处计划不合理扣2分			
三	实施	检修准备	1. 工具、电路图、辅材准备	2	每漏1项扣1分			
		检测操作	2. 正确选择工具、相关电路图及辅材	3	每选择错误1项扣1分			
			3. 正确实施计划无失误（依据评分表）	15	与计划不符合视情况扣1分			
		现场	4. 在工作过程中保持5S,设备、工具、电路图摆放整齐,工作现场恢复整理	10	每出现1项情况扣1分			
四	控制	检查工作质量	正确检查工作流程、具体检修部件、线路	10	自我正确检查工作步骤并分析,每错1项扣1分			
五	评价	工作过程评价	1. 合理自评	5				
			2. 合理互评	5				
			合计	100				

复习提高

一、选择题

1. 电池本体部分主要由（　　）等部分组成。
   A. 动力电池模组　　　　　　　　B. 动力电池箱体
   C. 辅助器件　　　　　　　　　　D. 电池管理系统
2. 电池管理系统的主要功能有（　　）。
   A. 电池状态监测　　　　　　　　B. 电池状态分析

C. 电池安全保护
D. 电池能量控制管理
E. 电池信息管理

二、判断题

1. （　　）绝缘电阻一旦低于 100 Ω/V，电池管理系统就应该对驾乘人员作出安全警告或者切断高压继电器停止供电。

2. （　　）动力电池系统内的电池管理系统的电池控制单元接收整车控制器的指令，根据高压回路硬件绝缘状况，控制正、负母线接触器开闭，从而决定整车安全上、下电。

3. （　　）动力电池系统内的电池管理系统实时采集各电芯的电压、各温度传感器的温度值、动力电池系统的总电压值和总电流值、整车高压绝缘等数据。

学习模块 4
驱动系统的结构与检修

基础知识 4.1　驱动电机的认知

学习目标

知识目标：
1. 了解电机的分类。
2. 掌握各电机的工作原理。
3. 了解各电机的应用特点。

能力目标：
1. 能够识别不同类型电机的结构。
2. 能够在不同的应用场景选择合适的电机。

素养目标：
1. 培养自主学习、查找资料、制订计划的能力。
2. 培养从事汽车行业工作的职业素养。

学习模块 4　微课视频

知识导航

1. 驱动电机概述

1）驱动电机

驱动电机是将电能转换成机械能为车辆行驶提供驱动力的电气装置，该装置也具备将机械能转换为电能的功能。其主要组成如图 4-1 所示。

2）电动汽车对驱动电机性能的要求

（1）结构紧凑、尺寸小、功率密度高、转矩密度高

纯电动汽车的整车布置空间有限，因此要求电机的结构尽量紧凑，便于安装布置。

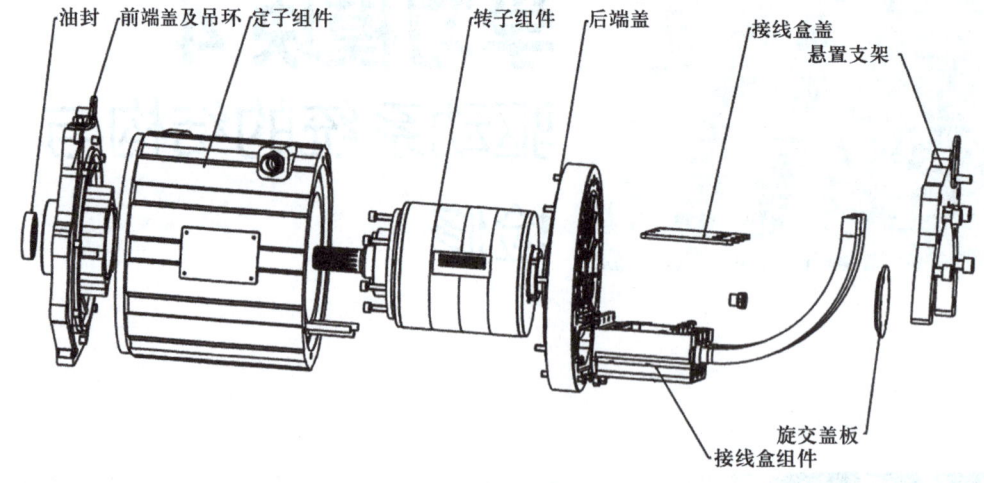

图 4-1 驱动电机主要组成

（2）可靠性强

要求驱动电机能够在恶劣的条件下可靠工作。驱动电机应具有较高的耐温和耐蚀性,并且能够在较恶劣的条件下长期使用。

（3）质量轻、效率高、高效区广

质量较轻的驱动电机有利于降低整车的质量,延长汽车续航里程。驱动电机可通过采用较轻的材质如铝合金外壳等降低其质量,各种控制装置和冷却系统也尽可能选用轻质材料。

（4）低噪声、低振动、舒适性强

为了满足驾驶舒适性的要求,要求电机低噪声、低振动。

3）电机的分类

（1）按工作电源划分

根据工作电源的不同可分为直流电机和交流电机。

（2）按结构和工作原理划分

根据电机的结构和工作原理可分为直流电机、异步电机和同步电机。

（3）按运转速度划分

按照电机的运转速度可分为低速电机、高速电机、恒速电机和调速电机。

2. 直流电机

直流电机是指可以把直流电能转换成机械能（直流电动机）或将机械能转换成直流电能（直流发电机）的旋转电机。

作为电动机运行时是直流电动机,将电能转换为机械能;作为发电机运行时是直流发电机,把机械能转换为电能。

1）直流电机的结构

直流电机主要由主磁极、电枢绕组、电枢铁芯和换向器等部件组成,结构如图 4-2 所示。直流电动机换向原理如图 4-3 所示。

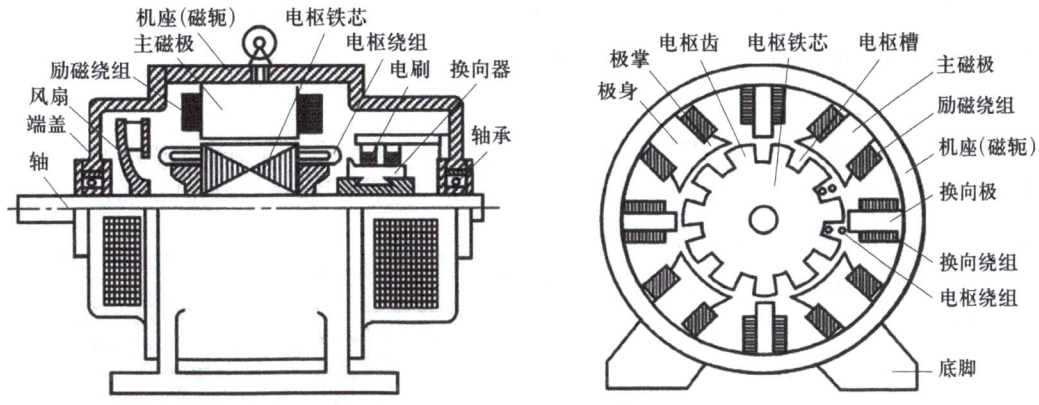

图 4-2 直流电动机的结构

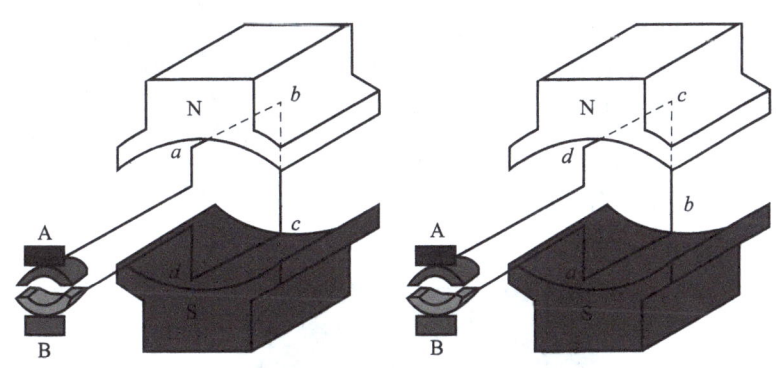

图 4-3 直流电动机换向原理

2）直流电机的工作原理

（1）电磁转矩产生

电枢绕组通过电刷接直流电源，绕组旋转轴与机械负载相连。电流从电刷 A 流入电枢绕组，从电刷 B 流出。电枢电流与磁场相互作用产生电磁力，所形成的电磁转矩使电动机电枢旋转。

（2）换向原理

当绕组线圈的 ab 边转到了 S 极位置，cd 边转到了 N 极下面，这时绕组线圈的电磁转矩方向发生了改变，但由于换向器随着绕组线圈同步旋转，使电刷 A 总是接触 N 极下的导线，而电刷 B 总是接触 S 极下的导线，因此电流的流动方向随之发生改变，使电磁转矩方向保持不变，如图 4-3 所示。

3）直流电机的应用特点

（1）优点

直流电机的启动加速转矩大、电磁转矩控制特性好、调速方便、控制装置简单、技术成熟、成本较低。

（2）缺点

直流电机由于有机械换向器，当在高速大负荷下运行时，换向器表面常有火花出现，因此不宜设定太高的电机转速。长时间使用时,需要经常维护、更换换向器和电刷,因此在新研制的新能源电动汽车上已基本不再采用直流电机。

3. 永磁同步电机

永磁同步电机采用永磁体来产生气隙磁通量,永磁体代替了直流电机中的磁场线圈和感应电机中定子的励磁体。同步电机属于交流电机,定子绕组与异步电机的定子绕组相同。永磁同步电机转子的旋转速度与定子绕组所产生的旋转磁场的速度是一样的,所以称为永磁同步电机,如图 4-4 所示。

1)永磁同步电机的结构

永磁同步电机主要由转子磁铁、定子绕组、传感器以及壳体等部件组成。永磁同步电机最大的特点是它的定子绕组结构与普通感应电机非常相似,主要是其转子结构与其他电机存在差别,即在其转子上设有高质量的永磁体磁极。根据转子上安放永磁体的位置的不同,永磁同步电机通常会分为内嵌式、面贴式以及插入式三种,如图 4-5 所示。

图 4-4 永磁同步电机

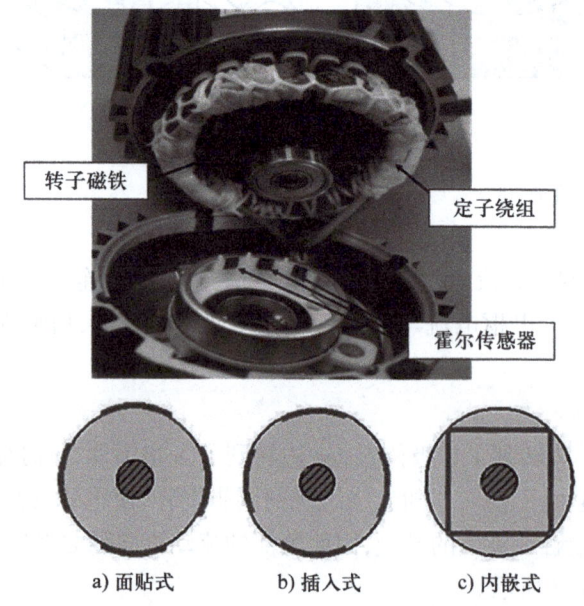

a)面贴式　　b)插入式　　c)内嵌式

图 4-5 永磁同步电机的结构

2)工作原理

永磁同步电机首先给定子绕组通入三相交流电,在通入电流后就会在电机的定子绕组中形成旋转磁场。由于在转子上安装了永磁体并且磁极是固定的,根据同极相斥异极相吸的原理,在定子绕组中产生的旋转磁场会带动转子旋转从而产生驱动力,并最终达到转子的旋转速度与定子绕组中产生的旋转磁场速度相等的效果,如图 4-6 所示。

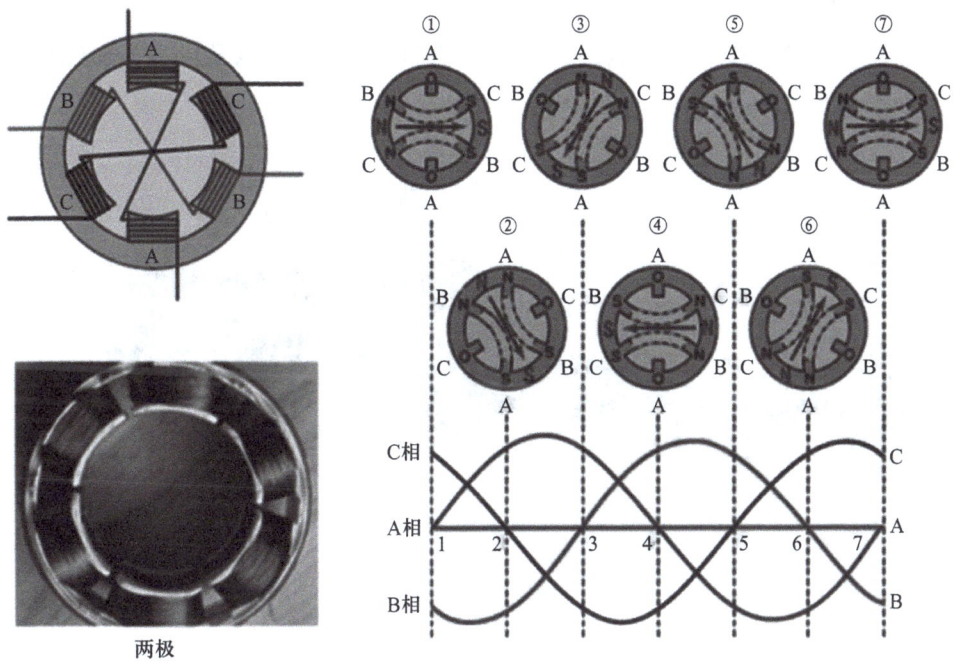

图 4-6 永磁同步电机的工作原理

3）应用特点

永磁同步电机所需要的钕铁硼永磁材料是稀土资源,因此生产成本较高,并且当温度大幅度变化时还会引发退磁现象。但是永磁同步电机的功率密度高、调速范围大,适用于高速公路网受限,频繁起停工况,目前广泛应用于新能源电动汽车上,如图 4-7 所示。

4. 交流感应电机

交流感应电机又称为异步电机,即转子置于旋转磁场中,在旋转磁场的作用下,获得一个转动力矩使转子转动,如图 4-8 所示。

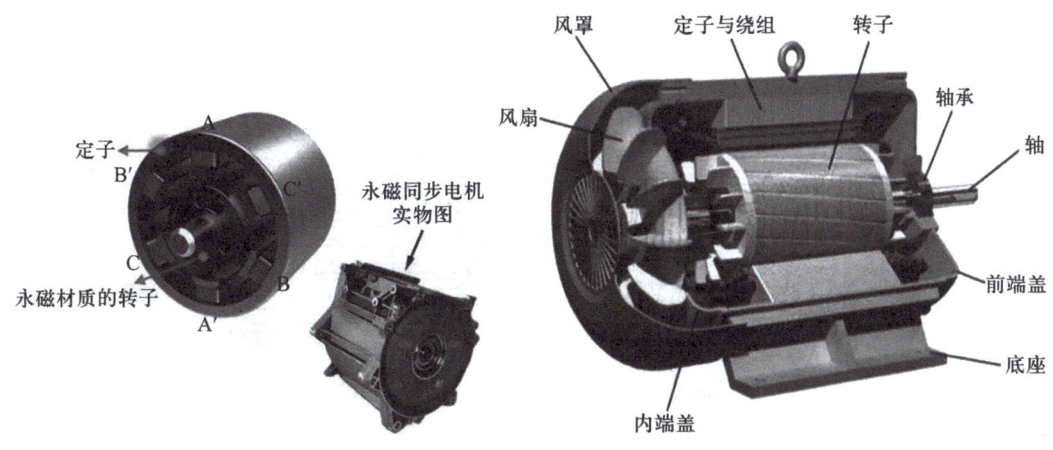

图 4-7 永磁同步电机的内部结构   图 4-8 交流感应电机

1）交流感应电机的结构

交流感应电机主要由定子、转子、转子轴、轴承、前后端盖以及风扇等部件组成,如图 4-9 所示。

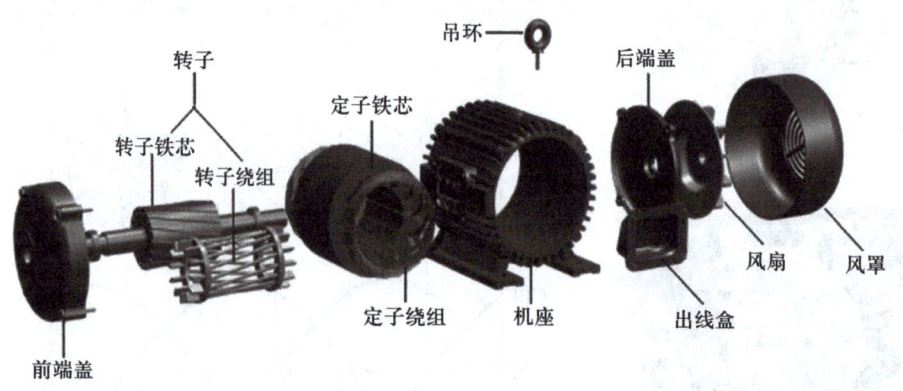

图 4-9　交流感应电机结构

（1）定子

交流感应电机的定子主要由定子铁芯和定子绕组组成,如图 4-10 所示。定子铁芯压装在机座内,是电机磁路的一部分,铁芯由 0.5 mm 硅钢片叠成,以减少铁芯损耗。定子有 "A—X、B—Y、C—Z" 3 个绕组线圈,各线圈按一定规律连接组成三相对称绕组,嵌放在定子铁芯槽内。定子是电机固定不动的部分,主要任务是产生旋转磁场。

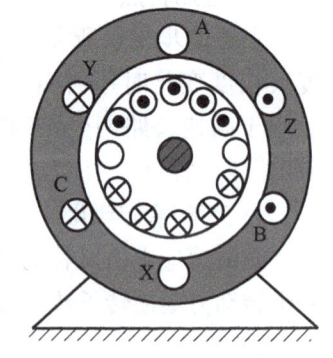

（2）转子

转子由转子铁芯和转子绕组两部分组成。转子绕组有鼠笼式转子和绕线式转子两种结构形式。相应的,使用鼠笼式转子的称为鼠笼型异步电动机,而采用绕线式转子的称为绕线型异步电动机,如图 4-11 所示。

图 4-10　交流感应电机定子

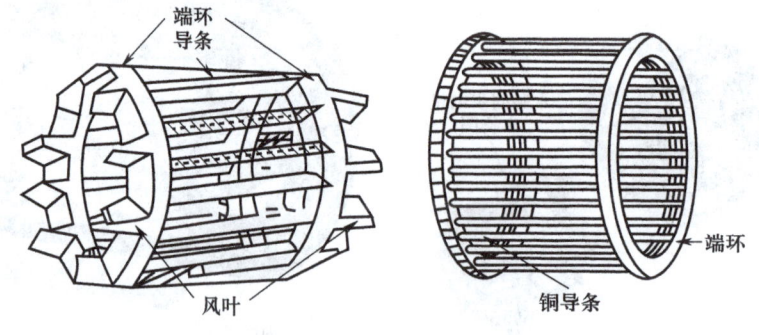

图 4-11　交流感应电机转子

2）交流感应电机的工作原理

当三相定子绕组接通三相交流电时，交流感应电机首先通过定子产生旋转磁场，转子绕组切割磁感线产生感应电动势，从而使转子绕组中产生感应电流。转子绕组中的感应电流与磁场相互作用，产生电磁转矩使转子旋转，如图 4-12 所示。

3）交流感应电机的应用特点

（1）优点

效率较高；结构简单、体积较小、质量轻；工作可靠、使用寿命长；免维护。

（2）缺点

调速性能相对较差。由于转子的转速与定子旋转磁场的旋转速度存在转差率，因而调速性能较差。配用的控制器成本较高。交流感应电机的控制相对较为复杂，配用的控制器成本较高。

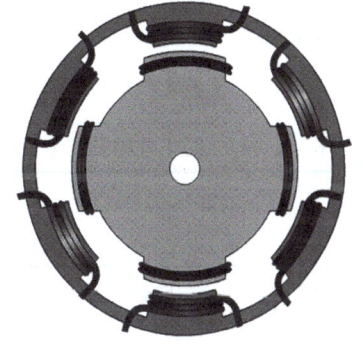

图 4-12　交流感应电机的工作原理

5. 驱动电机的技术参数

1）基速

电机基速是指电机的额定转速，当电机励磁绕组中通入额定的励磁电压或励磁电流，且电机带的负载为额定值时，电机转速即为基速。

2）额定功率

电机的额定功率是指电机在额定运行（额定电压、额定频率、额定负载）条件下，转轴上输出的机械功率。

3）峰值功率

峰值功率是当负载突然变化时，电机短时间能产生的最大功率。

4）额定扭矩

电机的额定扭矩表示在额定条件下运行的电机，其轴端输出的转矩。

5）峰值扭矩

峰值扭矩指电机输出的最大扭矩，在力矩曲线上为最高点，所以称为峰值。

6）防护等级

电机防护等级采用国际电工委员会（IEC）推荐的 IP 等级标准，不同的安装场所对防护等级要求不同。驱动电机 IP 防尘等级和防水等级说明见表 4-1、表 4-2。

表 4-1　驱动电机 IP 防尘等级

等级	防护范围	说明
0	无防护	对外界的人或物无特殊的防护
1	防止直径大于 50 mm 的固体外物侵入	防止人体（如手掌）因意外而接触到电器内部的零件，防止较大尺寸（直径大于 50 mm）的外物侵入
2	防止直径大于 12.5 mm 的固体外物侵入	防止人的手指接触到电器内部的零件，防止中等尺寸（直径大于 12.5 mm）的外物侵入

续表

等级	防护范围	说明
3	防止直径大于 2.5 mm 的固体外物侵入	防止直径或厚度大于 2.5 mm 的工具、电线及类似的小型外物侵入而接触到电器内部的零件
4	防止直径大于 1.0 mm 的固体外物侵入	防止直径或厚度大于 1.0 mm 的工具、电线及类似的小型外物侵入而接触到电器内部的零件
5	防止外物及灰尘	完全防止外物侵入,虽不能完全防止灰尘侵入,但灰尘的侵入量不会影响电器的正常运作
6	防止外物及灰尘	完全防止外物及灰尘侵入

表 4-2 驱动电机 IP 防水等级

等级	防护范围	说明
0	无防护	对水或湿气无特殊的防护
1	防止水滴浸入	垂直落下的水滴(如凝结水)不会对电器造成损坏
2	倾斜 15° 时,仍可防止水滴浸入	当电器由垂直倾斜至 15° 时,滴水不会对电器造成损坏
3	防止喷洒的水浸入	防雨或防止与垂直的夹角小于 60° 的方向所喷洒的水侵入电器而造成损坏
4	防止飞溅的水浸入	防止各个方向飞溅而来的水侵入电器而造成损坏
5	防止喷射的水浸入	防止持续至少 3 min 的低压喷水
6	防止大量水浸入	防止持续至少 3 min 的大量喷水
7	防止浸水时水的浸入	在深达 1 m 的水中防止 30 min 的浸泡影响
8	防止沉没时水的浸入	在深度超过 1 m 的水中防止持续浸泡影响。准确的条件由制造商针对各设备制定

复习提高

(1)请查阅资料,阐述电动汽车对驱动电机性能的要求。

(2)请查阅资料,阐述驱动电机的分类。

（3）请查阅资料，阐述直流电机的结构及工作原理。

（4）请查阅资料，阐述交流电机的结构及工作原理。

（5）请写出驱动电机的技术参数。

（6）请查阅资料，写出直流电机、交流电机的特点。

基础知识 4.2　驱动电机及控制系统结构原理

学习目标

知识目标：
1. 了解驱动电机系统的组成与工作模式。
2. 掌握电机控制器的结构、原理以及作用。

能力目标：
1. 能够识别驱动电机系统的组成及安装位置。
2. 能够分析驱动电机系统结构与控制原理。

素养目标：
1. 培养自主学习、查找资料、制订计划的能力。
2. 培养从事汽车行业工作的职业素养。

知识导航

1. 驱动电机系统

驱动电机系统由驱动电机（Drive Motor,DM）和电机控制器（Motor Controller Unit, MCU）构成，通过高低压线束、冷却管路，与整车上的其他系统作电气和散热连接，如图4-13所示。

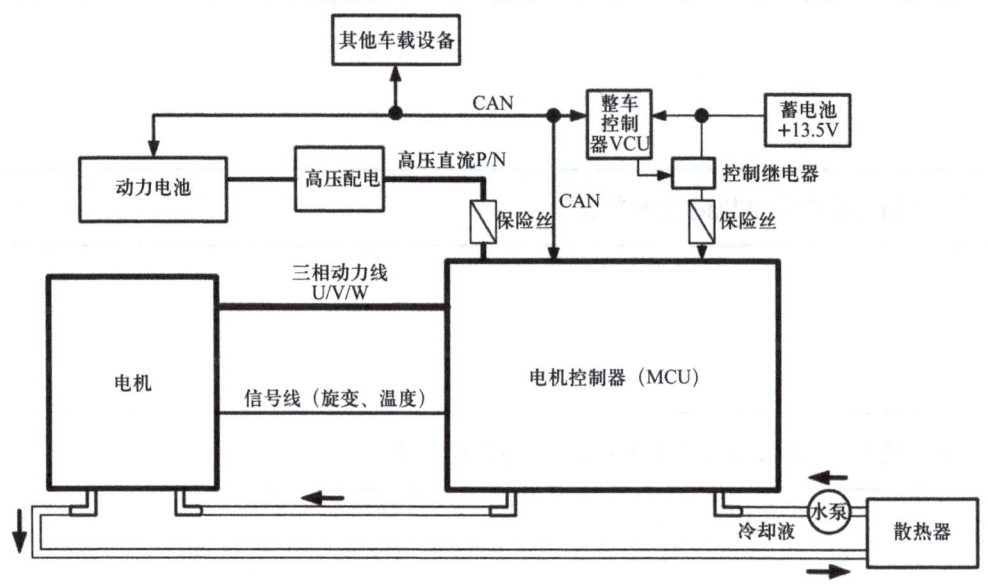

图4-13 驱动电机系统

驱动电机系统是新能源电动汽车的三大核心部件之一，是车辆行驶的执行机构，其特性决定了车辆的主要性能指标，直接影响车辆的动力性、经济性和用户驾乘感受。

根据车辆不同的运行状态，新能源汽车的驱动电机系统具有电力驱动和能量回收两种工作模式。

电力驱动工作模式下，动力电池的高压直流电输送至电机控制器，电机控制器将直流电转换为交流电输送给驱动电机，驱动电机将运转时产生的扭矩传递给驱动轮使车辆行驶，如图4-14所示。

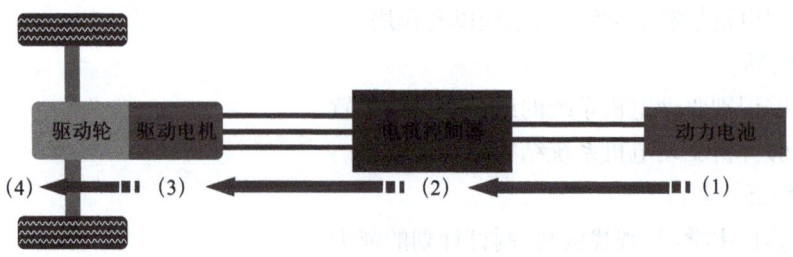

图4-14 电力驱动模式

能量回收工作模式下,通过车轮的旋转带动电机转动。此时,驱动电机发挥发电机的功能,由电机控制器将驱动电机产生的交流电转为直流电,然后向动力电池充电,如图 4-15 所示。

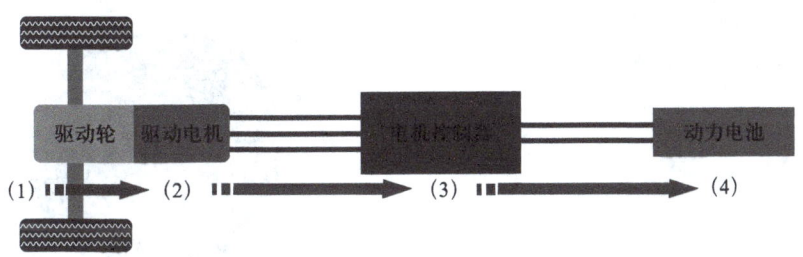

图 4-15　能量回收模式

2. 驱动电机的组成和功能

驱动电机具有两个功能:一是将动力电池的电能转换为驱动力;二是通过驱动轮的再生制动产生电能,将车辆的动能转换为电能为动力电池充电。

新能源汽车驱动电机的组成部件包括定子、转子、冷却水道、旋转变压器、高压接线盒等,如图 4-16 所示。

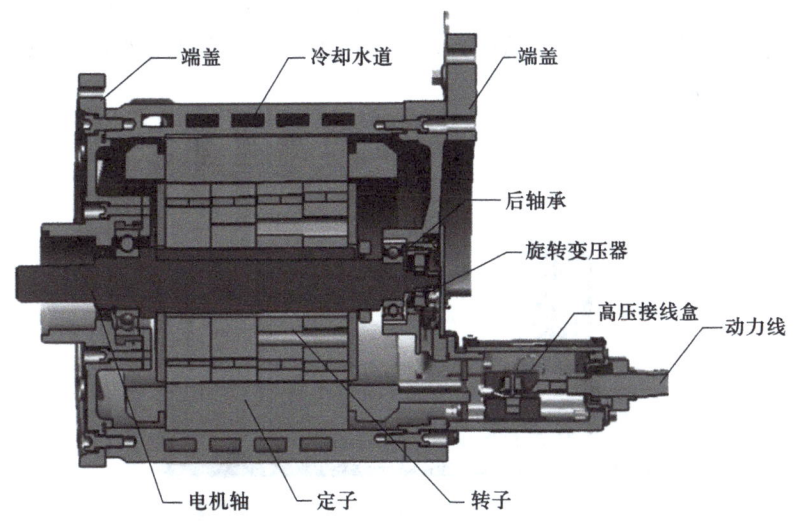

图 4-16　驱动电机的结构

1)电机冷却系统

驱动电机的冷却方式主要有风冷和液体冷却。新能源汽车普遍采用液体冷却方式,俗称水冷。新能源汽车电机冷却系统与传统燃油车冷却系统很相似,只是冷却水泵为电子式,由 12 V 电源驱动其运转,如图 4-17 所示。

2)旋转变压器

旋转变压器是一种电磁式传感器,又称为同步分解器,简称旋变,用来测量驱动电机的转轴角位移和角速度。它由激励绕组、余弦绕组和正弦绕组 3 个线圈组成,如图 4-18 所示。

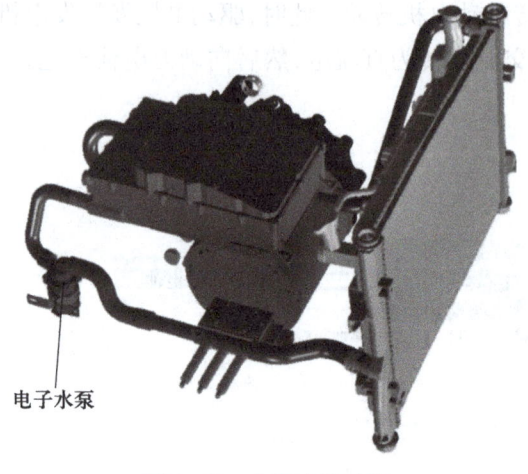

电子水泵

图 4-17 电机冷却系统　　　　图 4-18 旋转变压器

3）电机温度传感器

电机温度传感器用于检测电机定子绕组的温度,是散热风扇启动信号之一。

3. 电机控制器的组成和功能

电机控制器是驱动电机系统的控制中心。电机控制器的主要功能是控制电机的旋转速度、旋转方向以及再生能量回收。此外,电机控制器还要对电流传感器、电压传感器、温度传感器等输入信号进行处理,并将驱动电机系统的运行状态通过 CAN 总线发送给整车控制器,如图 4-19 所示。

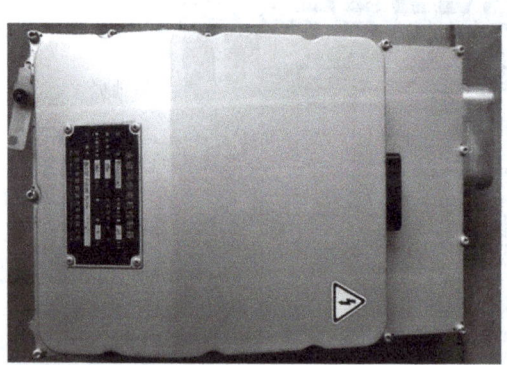

图 4-19 北汽 EV160 电动汽车电机控制器

1）电机控制器组成

电机控制器以 IGBT 模块绝缘栅双极型晶体管（Insulated Gate Bipolar Transistor,IGBT）模块为核心,主要由控制板、冷却水道、UVW 高压插件、直流高压插件、IGBT 模块及驱动板组成,如图 4-20 所示。

IGBT 模块是驱动电机系统的控制中心,又称智能功率模块。它的主要作用是将动力电池的直流电逆变为电压、频率可调的三相交流电,供给配套的驱动电机使用。IGBT 模块具有输入阻抗高、开关速度快、驱动电路简单、承受电压高、导通电流大等优点,已经广泛应用于各种变频器和调速电路中,如图 4-21 所示。

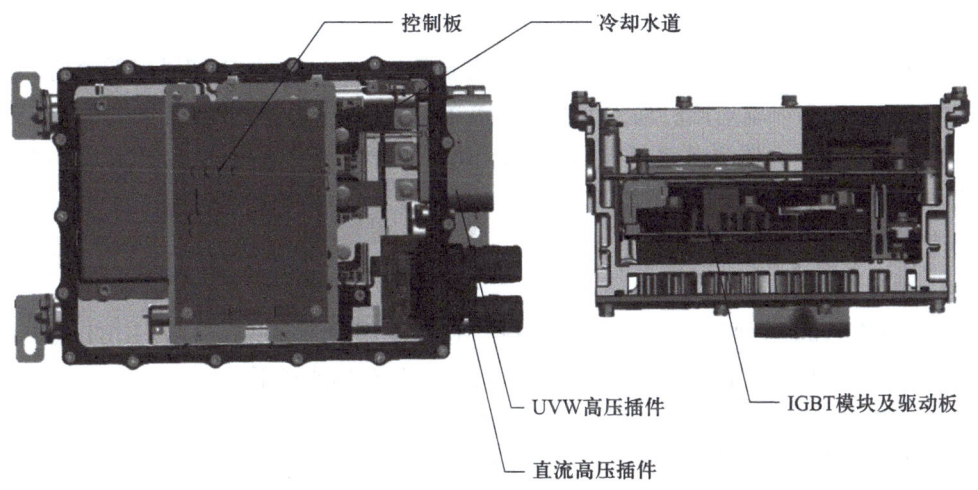

图 4-20 电机控制器组成

电流传感器用于检测驱动电机工作的实际电流,包括母线电流和三相交流电流。

温度传感器用于检测电机控制系统的工作温度,包括 IGBT 模块的温度。

旋转变压器用于检测驱动电机的位置和速度。

电压传感器用于检测供给电机控制器工作的实际电压,包括动力电池电压、12 V 蓄电池电压。

2)电机控制器工作原理

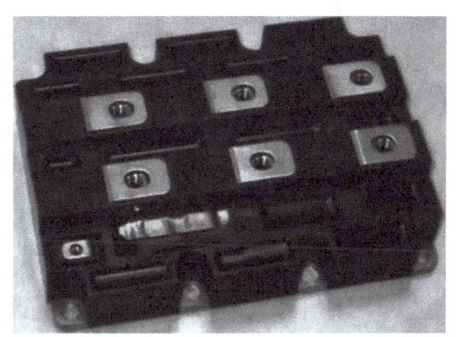

图 4-21 IGBT 模块

电机控制器通过调节电压、频率、相位等参数控制驱动电机的运转,即通过相应的电力转换控制驱动电机工作。电机控制器接收挡位开关、油门位置、旋转变压器、制动等信号,经过判断和逻辑运算之后控制驱动电机的正反转以及转速,如图 4-22 所示。

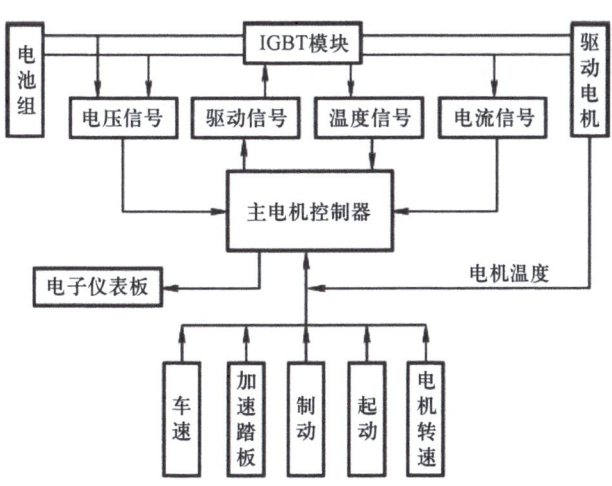

图 4-22 电机控制器的工作原理

学习模块 4 驱动系统的结构与检修

3）电机控制器温度控制

当电机控制器监测到驱动电机温度传感器显示 45~50 ℃时,冷却风扇低速启；当温度≥50 ℃时,冷却风扇高速启动；当温度≤40 ℃时,冷却风扇停止工作。

电机控制器也会监测散热基板的温度,当散热基板的温度在 75~80 ℃范围内时,冷却风扇低速启动；当散热基板的温度≥80 ℃时,冷却风扇高速启动；当散热基板的温度≤75 ℃时,冷却风扇停止工作。

4）电机控制器功能

以北汽 EV160 电动汽车为例,电机控制器主要由接口电路、控制主板、IGBT 模块（驱动）、超级电容、放电电阻、电流感应器、壳体水道等组成,功能如下。

（1）控制主板的功能

① 与整车控制器通信。

② 监测直流母线电流。

③ 控制 IGBT 模块。

④ 监控高压线束连接情况。

⑤ 反馈 IGBT 模块温度。

⑥ 变传感器励磁供电。

⑦ 旋变信号分析。

⑧ 信息反馈。

（2）IGBT 模块的功能

① 将信号反馈给电机控制器控制主板。

② 监测直流母线电压。

③ 将直流转换交流及变频。

④ 监测三相电流的大小。

⑤ 监测 IGBT 模块温度。

⑥ 三相整流。

（3）超级电容和放电电阻的功能

① 超级电容：接高压电路时给电容充电,在电机启动时保持电压的稳定。

② 放电电阻：断开高压电路时,通过电阻给电容放电。

复习提高

（1）请查阅资料,阐述驱动电机的工作原理。

（2）请查阅资料，阐述驱动电机系统中各传感器的名称及作用。

（3）请查阅资料，阐述驱动电机的主要组成部件名称。

（4）请阐述驱动电机冷却系统的工作原理。

（5）请查阅资料，阐述电机控制器的控制功能。

学习情景　驱动电机及控制系统故障检修

学习目标

知识目标：
1. 掌握新能源汽车驱动电机的结构组成。
2. 掌握新能源汽车驱动电机控制系统的检测内容。
3. 掌握新能源汽车驱动电机控制系统的检测方法。

能力目标：
1. 能够正确使用新能源汽车驱动电机控制系统相关检修工具。
2. 能够在检修作业前做好高压安全防护，规范完成车辆高压断电操作。
3. 能够以小组合作的形式，根据设计的流程进行驱动电机控制系统检修。

素养目标：
1. 提升逻辑思维能力。
2. 树立安全第一意识。

3. 提升知识迁移能力。
4. 能够考虑安全与环保因素，遵守工位 5S 与安全规范。

知识导航

1. 驱动电机系统检修准备

以比亚迪 e5 电动汽车为例，进行驱动电机系统检修。

（1）断开驱动电机线束。先对车辆高压系统进行断电，再进行操作，关闭点火开关，拔下车钥匙，将钥匙移至遥控范围以外，并由相关人员保管。拆卸 12 V 低压蓄电池负极，等待 5～10 min，拔下高压蓄电池上的维修开关，并妥善保管。

（2）断开动力电池高压输出正、负极母线插头、高压直流母线，如图 4-23 所示。

（3）断开驱动电机与高压电控总成连接器线束，如图 4-24 所示。

图 4-23 动力电池母线及控制线插座

图 4-24 驱动电机与高压电控总成连接器线束

2. 驱动电机外观检查

（1）检查驱动电机是否有磕碰、损坏，表面是否漏液；引出线或接线端应完整无损，颜色和标志应正确，铭牌的字迹和内容应清晰无误，且不得脱落，如图 4-25 所示。

图 4-25 驱动电机外观检查

（2）检查驱动电机的冷却水管是否有泄漏。

（3）清洁驱动电机表面的灰尘、油泥，用高压气枪或干布对驱动电机的外观进行清洁。严禁使用水枪对驱动电机及高压部件喷水清洗。

（4）佩戴绝缘手套检查驱动电机高压插接件连接是否紧固，如图4-26所示。

（5）检查驱动电机各传感器插接件是否紧固，如图4-27所示。

图4-26　驱动电机高压接头检查　　　　　图4-27　传感器插头检查

（6）检查驱动电机与变速器总成的螺栓安装力矩，具体要求见表4-3。

表4-3　比亚迪e5电动汽车车螺栓安装力矩

名称	力矩/(N·m)
驱动电机与变速器总成安装螺栓	30
驱动电机固定螺栓	50~55

3. 驱动电机冷却系统检查

（1）检查驱动电机冷却液液面高度是否正常，如图4-28所示。

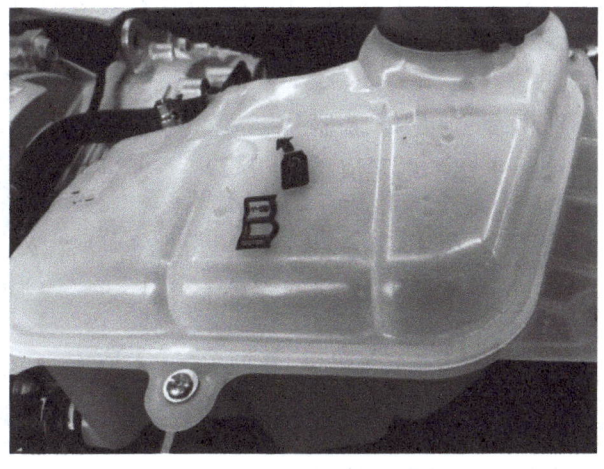

图4-28　冷却液液面高度检查

（2）液冷系统冷却回路密封性能检查。

① 该项检查宜将驱动电机和电机控制器的冷却回路分开后单独测量。

② 检查前,不允许对驱动电机或电机控制器表面涂覆可以防止渗漏的涂层,但是允许进行无密封作用的化学防腐处理。

③ 检查过程中使用的介质可以是液体或气体,液体介质可以是含防锈剂的水、煤油或黏度不高于水的非腐蚀性液体,气体介质可以是空气、氮气或惰性气体。

④ 用于测量介质压力的测量仪表的精度应不低于1.5级,量程应为试验压力的1.5~3倍。

⑤ 检查时,介质的温度应和现场环境的温度一致并保持稳定;将被试样品冷却回路的一端堵住,但不能产生影响密封性能的变形,向回路中充入介质,利用压力仪表测量施加的介质压力,使用液体介质试验时,需要将冷却回路腔内的空气排净。然后,逐渐加压至《电动汽车用驱动电机系统》（GB/T 18488—2024）中规定的试验压力200 kPa,并保持该压力至少15 min,如图4-29所示。

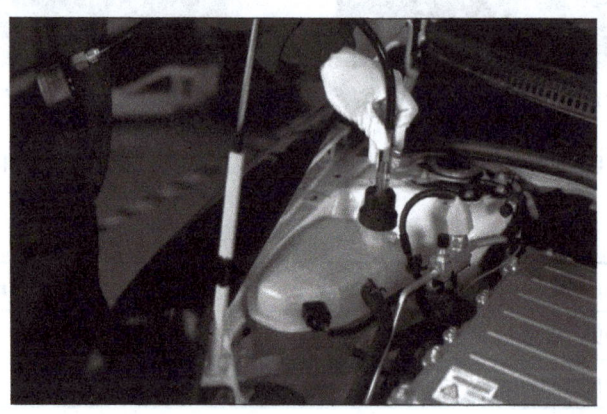

图4-29　冷却回路密封性能检查

⑥ 压力保持过程中,压力仪表显示值不应下降,其间不允许有可见的渗漏通过被试品壳壁和任何固定的连接处。如果介质为液体,则不得有明显可见的液滴或表面潮湿。

4. 驱动电机传感器检修

1）旋变传感器检测

使用万用表分别测量旋变传感器（图4-30）A—B、C—D、E—F组的电阻值是否符合技术标准。

旋变传感器检测数据及参考标准如下：

（1）正旋阻值为(16±1)Ω。

（2）余旋阻值为(16±1)Ω。

（3）励磁阻值为(8±1)Ω。

2）温度传感器检测

为了避免因驱动电机温度过高而造成

图4-30　旋变传感器

组件损坏,使用温度传感器来监控驱动电机定子绕组的温度。在驱动电机定子绕组上装有温度传感器,通常采用负温度系数温度传感器,用来监测定子绕组温度,如图4-31所示。

图4-31 驱动电机温度传感器

不同车型的驱动电机,其温度传感器的规格也不同,有正温度系数的,也有负温度系数的。负温度系数温度传感器的电阻值会随着温度的升高而降低,反之,随着温度的降低而升高,代表车型为吉利EV300/EV450和比亚迪e5。正温度系数温度传感器的电阻值会随着温度的升高而增加,反之,随着温度的降低而减小,代表车型为北汽EU260。

驱动电机温度传感器通常被放置在定子绕组内部,数量为2~3个,分别是U相温度传感器、V相温度传感器、W相温度传感器。例如宝马i3后轮驱动电动汽车安装了2个,吉利EV300/450安装了2个,北汽EU260则安装了3个。比亚迪e5的驱动电机温度传感器,不直接测量转子温度,而是根据定子内的温度传感器测量值进行确定,其信号以模拟信号的方式由电机控制器读取和分析。如果驱动电机的温度升高至临界值,电机控制器将会限制电机的最大输出并设置诊断故障码,同时,在汽车仪表盘上显示警告灯。

5. 驱动电机缺相检测

驱动电机缺相是指驱动电机内部某相绕组线圈发生不通电或阻值过大/过小的故障,其主要原因为某相线圈烧蚀、线圈断路或接线端子烧蚀等。驱动电机缺相检测的步骤如下:

(1)拆卸驱动电机高压接线盒盖板。

(2)检查驱动电机动力电缆接头有无烧蚀现象。

(3)拆卸U、V、W三相线,用万用表电阻挡分别测量AB、BC、AC之间的阻值,差值大于0.5Ω即判定为电机缺相,需要更换驱动电机,如图4-32所示。

6. 驱动电机绝缘检测

驱动电机发生绝缘故障通常是由电机内部进水、绝缘层受热失效或绕组烧蚀对地短路等原因引起的。当驱动电机发生绝缘故障时往往会报出电机控制器故障或整车绝缘故障,进行驱动电机绝缘检测时必须断开高压线路,用绝缘兆欧表进行绝缘检测。

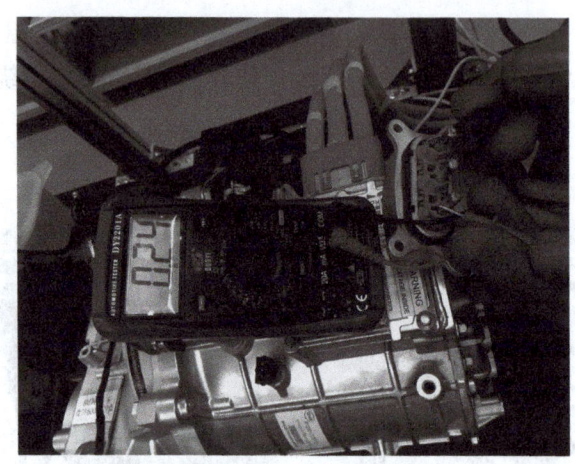

图 4-32 驱动电机缺相检测

绝缘检测前应先打开电机接线盒盖板,拧下固定三相动力线束和接线座铜排的螺栓。拧下固定三相动力线束法兰的 M6×16 六角头螺栓,拔出三相动力线束。

1)驱动电机定子绕组对温度传感器的绝缘电阻

若驱动电机的温度传感器固定于定子绕组中,如图 4-33 所示,电机定子绕组对温度传感器的冷态绝缘电阻值应大于 20 MΩ;驱动电机定子绕组对温度传感器的热态绝缘电阻值应不低于式(4-1)的计算值,若计算的绝缘电阻低于 0.38 MΩ,则按 0.38 MΩ 界限确定。

$$R=\frac{U_{dmax}}{1\,000+\dfrac{p}{100}} \tag{4-1}$$

图 4-33 三相绕组对温度传感器的绝缘电阻

2)驱动电机定子绕组对机壳的绝缘电阻

测量驱动电机搭铁绝缘,将量程调至 500 V,用黑表笔搭铁,红表笔分别测量驱动电机三相端子,要求每相的测量值大于或等于 550 MΩ,如图 4-34 所示。

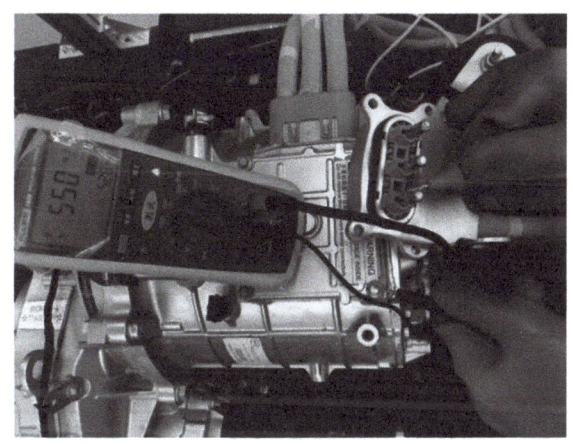

图 4-34 三相绕组对壳体的绝缘电阻

注意：测量驱动电机三相绝缘前，要对绝缘兆欧表进行检验，确定绝缘兆欧表合格后方可进行。

学习任务

1. 信息（创设情境，提供资讯）

一台新能源汽车出现驱动电机不工作故障，被送至 4S 店进行检修。请对驱动电机系统进行检修。

独立工作，搜集驱动电机系统方面信息，完成以下任务。

（1）请查阅资料，阐述驱动电机及各传感器安装位置，并在实车或台架上找到实物。

（2）请查阅资料，阐述驱动电机各个检测项目的检测方法。

（3）请分析此任务需要使用何种工具进行检测。

（4）请写出此次检测中，相关电机参数的对照标准值。

（5）请查阅资料，绘制驱动电机系统电气原理图，并说明针脚定义。

2. 计划（分析任务，制订计划）

个人/小组工作，根据驱动电机系统检修任务要求完成下列任务。

（1）请根据驱动电机电气原理图，拟定测试项目。

序号	测试参数	实际测试值	参考值	是否合格

（2）请根据驱动电机系统检修任务要求及电气原理图，制订具体工作计划。

（3）请根据实训中心现场情况，列出驱动电机系统检修操作过程中所需工具及材料清单。

序号	名称	符号	型号	数量	规格
1					
2					
3					
4					
5					
6					
7					
8					

3. 决策（集思广益，做出决定）

个人/小组工作，根据驱动电机系统检测及电气控制原理图完成下列任务。

（1）请参照相关技术文件，绘制各测量项目检测流程图。

（2）请参考工作计划模板，制订驱动电机系统检修任务小组工作计划，确认成员分工及计划时间，并记录工作要点。

序号	工作计划	职责	人员	计划工时	备注
1					
2					
3					
4					
5					
6					
7					
8					

4. 实施（分工合作，沟通交流）

（1）小组工作，按工作计划实施驱动电机系统检修任务。

序号	行动步骤	实施人员	实际用时	计划工时
1				
2				
3				
4				
5				
6				
7				
8				

（2）独立工作，选用万用表合适量程对驱动电机系统进行检查，并记录检查关键点和结果。

步骤	检查关键点	测量方式	结果处理
1			
2			
3			
4			
5			
6			
7			
8			

5. 控制（查漏补缺，质量检测）

（1）个人 / 小组工作，明确检测要素及整改措施。

序号	检测要素	技术标准	是否完成	整改措施

（2）小组工作，检查各小组的工作实施情况。

检查项目	检查结果			需完善点	其他
	个人检查	小组检查	教师检查		
工时执行					
5S 执行					
质量成果					
学习投入					
获取知识					
技能水平					
安全、环保					
设备使用					
突发事件					

6. 评价（总结过程，任务评估）

（1）小组工作，向其他同学介绍自己的总结，描述收获、问题和改进措施。对于工作中的不足之处，征求其他同学的意见。

- 收获

- 问题

• 改进措施	
• 别人给自己的意见	

（2）请小组之间按照评分标准进行工作过程自评和互评。

班级		被评组名		日期		
指标	评价要素			分数	自评	互评
信息检索	是否能有效利用网络资源、工作手册查找有效信息			5		
	是否能有条理地解释、表述、应用所学知识			10		
感知工作	成员是否能熟悉自己的工作岗位,认同工作价值			5		
	成员在工作中是否获得满足感			5		
参与状态	成员与教师、同学之间是否相互尊重、理解、平等、有效沟通			15		
	成员是否能独立思考、倾听、协作分享			10		
学习方法	工作计划、操作技能是否符合规范要求			10		
	成员是否获得了进一步发展的能力			5		
工作过程	是否遵守管理规程,上课出勤和任务完成情况			10		
思维状态	是否能发现问题、分析问题、解决问题			15		
自评反馈	是否能严肃认真地对待自评,并能独立完成自测题			10		
	总分			100		
简要评述						

3）请教师按照评分标准对各小组进行任务工作过程总评。

班级		组名		姓名		出勤	
	指标	评价要素		分数	评价标准		师评
一	信息	口头或书面梳理任务要点	1. 仪态自然、吐字清晰	15	仪态不自然、含糊扣5分		
			2. 工作页表述准确,思路清晰、层次分明		工作页表述不准确、不清晰扣5分		

续表

班级			组名		姓名		出勤		
	指标		评价要素		分数		评价标准		师评
二	计划	制订工作计划并准备工具	1. 检修计划切实可行		15		检修计划不行扣5分		
			2. 检修计划及工具清单列举合理				计划及清单不合理扣5分		
	决策	列出检修流程图及具体检修计划	1. 检修流程图逻辑清晰 2. 制订合理的检修计划		20		每1处计划不合理扣2分		
三	实施	检修准备	1. 工具、电路图、辅材准备		2		每漏1项扣1分		
		检修操作	2. 正确选择工具、相关电路图及辅材		3		每选择错误1项扣1分		
			3. 正确实施计划无失误（依据评分表）		15		与计划不符合视情况扣1分		
		现场	4. 在工作过程中保持5S,设备、工具、电路图摆放整齐,工作现场恢复整理		10		每出现1项情况扣1分		
四	控制	检查工作质量	正确检查工作流程、具体检修部件、线路		10		自我正确检查工作步骤并分析,每错1项扣1分		
五	评价	工作过程评价	1. 依据自评		5				
			2. 依据互评		5				
			合计		100				

复习提高

一、选择题

1. 驱动电机的冷却系统主要由（　　）及冷却液等组成。
   A. 电动水泵　　　　　　　　B. 散热器
   C. 膨胀罐　　　　　　　　　D. 冷却散热循环管路

2. 定子的作用是产生磁场和作为驱动电机的机械支撑,它由（　　）和轴承等组成。
   A. 主磁极　　　　　　　　　B. 换向磁极
   C. 电刷　　　　　　　　　　D. 机座
   E. 端盖

二、判断题

1. （　　）旋转变压器是一种电磁式传感器,由定子和转子组成。

2.（　　）电机控制器是整个系统的控制中心,它对所有的输入信号进行处理,并将电机控制系统运行状态的信息发送给电池管理系统。

3.（　　）驱动电机在电动汽车驱动过程中转变为发电机运行,将机械能转化为电能存储在动力电池中。

4.（　　）如果驱动电机的温度升高至临界值,电机控制系统将会限制驱动电机的最大输出并设置诊断故障码,并同时在汽车仪表盘上显示警告灯。

学习模块 5
高压电控系统的结构与检修

基础知识　整车控制系统的认知

学习目标

知识目标：
1. 了解整车控制系统的基本组成与原理。
2. 掌握整车控制系统的基本功能。
3. 掌握制动能量回收系统的作用和原理。

能力目标：
1. 能够识别整车控制系统在电动汽车的安装位置。
2. 能够认识整车控制系统各部件。

素养目标：
1. 提升逻辑思维能力。
2. 树立安全第一意识。
3. 提升知识迁移能力。
4. 能够考虑安全与环保因素，遵守安全规范。

学习模块 5　微课视频

知识导航

电动汽车控制系统主要包括整车控制器（Vehicle Control Unit，VCU）、电池管理系统、电机控制器、制动能量回收系统等，各控制器通过 CAN 总线实现实时通信。电池管理系统、电机控制器在前文中已经介绍。本节主要介绍整车控制器与制动能量回收系统。

1. 整车控制器

整车控制器是电动汽车正常行驶的控制中枢，是整车控制系统的核心部件，是纯电动汽车的正常行驶、再生制动能量回收、故障诊断处理和车辆状态监视等功能的主要控制部件。

1）整车控制器的分类

纯电动汽车整车控制器主要分为集中式整车控制器和分布式整车控制器。

集中式整车控制器中，由整车控制器独自完成对输入信号的采集，并根据控制策略对数据进行分析和处理，然后直接对各执行机构发出控制指令，驱动纯电动汽车的正常行驶。集中式整车控制器的优点是处理集中、响应快和成本低；缺点是电路复杂，并且不易散热。

如图 5-1 所示，集成式整车控制器对电动汽车动力链的各个环节进行管理、协调和监控以提高整车能量利用效率，确保安全性和可靠性。集成式整车控制器采集驾驶员驾驶信号，通过 CAN 总线获得驱动电机和动力电池系统的相关信息，进行分析和运算，通过 CAN 总线输出给电机控制器和电池管理系统。通过指令实现整车驱动控制、能量优化控制和制动能量回收控制。集成式整车控制器还具备综合仪表接口功能（可显示整车状态信息）、故障诊断和处理功能，以及整车网关及网络管理功能。

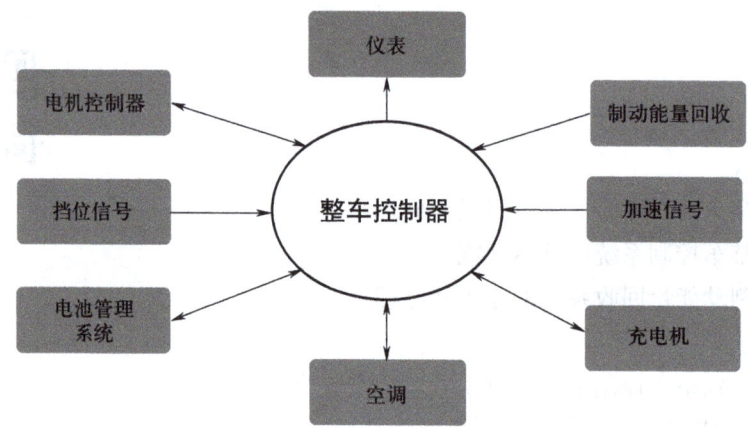

图 5-1 某公司开发的集成式整车控制器

分布式整车控制器中，是由整车控制器采集一些驾驶员信号，同时，通过 CAN 总线与电机控制器和电池管理系统通信。电机控制器和电池管理系统分别将各自采集的整车信号通过 CAN 总线传递给整车控制器。整车控制器根据整车信息，并结合控制策略对数据进行分析和处理，电机控制器和电池管理系统收到控制指令后，根据驱动电机和动力电池当前的状态信息，控制驱动电机运转和动力电池放电。分布式整车控制器的优点是模块化和复杂度低；缺点是成本相对较高。

典型的分布式整车控制器如图 5-2 所示。其中，整车控制器通过 CAN 总线接收电机控制器和电池管理系统的信息，并对电机控制器、电池管理系统和车载信息显示系统发送控制指令。电机控制器和电池管理系统分别负责驱动电机和动力电池的监控与管理。车载信息显示系统用于显示车辆当前的状态等信息。

2）整车控制器基本功能

整车控制器首先通过采集加速踏板信号、制动踏板信号和挡位开关信号等驾驶信息，其次接收 CAN 总线上电机控制器和电池管理系统发出的数据，并结合整车控制策略对这些信

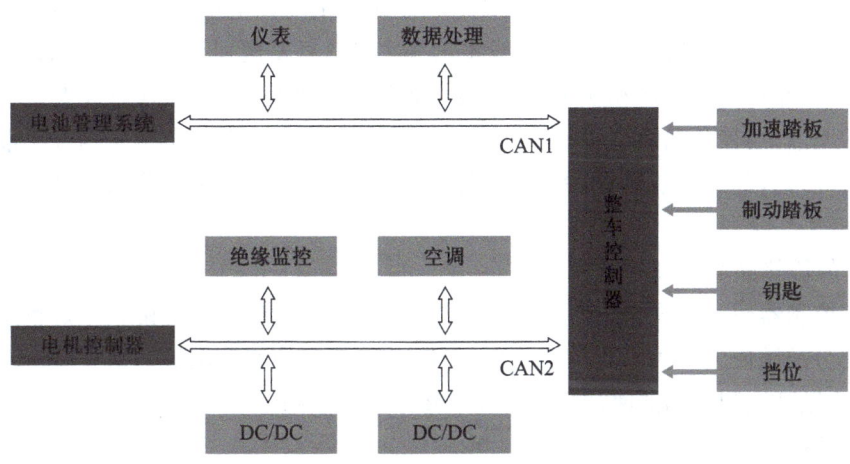

图 5-2 典型分布式整车控制器

息进行分析和判断,提取驾驶员的驾驶意图和车辆运行状态信息,最后通过 CAN 总线发出指令来控制各部件控制器的工作,保证车辆的正常行驶。整车控制器应该具备以下基本功能。

(1)对汽车行驶控制的功能

电动汽车的驱动电机必须按照驾驶员意图输出驱动或制动转矩。当驾驶员踩下加速踏板或制动踏板时,驱动电机要输出一定的驱动功率或再生制动功率。踏板开度越大,驱动电机的输出功率越大,因此,整车控制器要合理解释驾驶员操作;接收整车各子系统的反馈信息,为驾驶员提供决策反馈;对整车各子系统发送控制指令,以实现车辆的正常行驶。

(2)整车的网络化管理

整车控制器是电动汽车众多控制器中的一个,是 CAN 总线中的一个节点。在整车网络管理中,整车控制器是信息控制的中心,负责信息的组织与传输、网络状态的监控、网络节点的管理,以及网络故障的诊断与处理。

(3)对制动能量的回收

纯电动汽车区别于内燃机汽车的重要特征就是能够进行制动能量回收,这是通过使纯电动汽车的驱动电机工作在再生制动状态实现的。整车控制器分析驾驶员制动意图、动力电池组状态和驱动电机状态等消息,并结合制动能量回收控制策略,在满足制动能量回收的条件下对电机控制器发送电机模式指令和转矩指令,使得驱动电机工作在发电模式且不影响制动性能的前提下,将电制动回收的能量储存在动力电池中,实现制动能量回收。

(4)整车能量管理和优化

在纯电动汽车中,动力电池除了给驱动电机供电以外,还要给电动附件供电。因此,为了获得最大的续驶里程,整车控制器负责整车的能量管理,以提高能量的利用率。在动力电池的 SOC 值比较低时,整车控制器对某些电动附件发出指令,限制电动附件的输出功率,以增加续驶里程。

(5)对车辆状态的监测和显示

整车控制器通过直接采集信号和接收 CAN 总线上的数据的方式获得车辆运行的实

时数据,包括速度、电机的工作模式、转矩、转速、电池的剩余电量、总电压、单体电压、电池温度和故障等信息,然后通过 CAN 总线将这些实时信息发送到车载信息显示系统进行显示。此外,整车控制器定时检测 CAN 总线上各模块的通信,如果发现总线上某一节点不能够正常通信,则在车载信息显示系统上显示故障信息,并对相应的紧急情况采取合理的措施进行处理,以防止极端状况的发生,使驾驶员能够直接、准确地获取车辆当前的运行状态信息。

（6）故障诊断与处理

整车控制器通过连续监测整车电控系统,进行故障诊断,控制故障指示灯指示出故障类别和部分故障码。并可根据故障内容,及时进行相应的安全保护处理。对于不太严重的故障,能做到控制车辆低速行驶到附近维修站进行检修。

（7）外接充电管理

整车控制器通过与充电机的连接,监控充电过程,报告充电状态、充电结束等信息。

（8）诊断设备的在线诊断和下线检测

整车控制器负责与外部诊断设备的连接和诊断通信,实现 UDS 诊断服务,包括数据流读取、故障码的读取和清除、控制端口的调试。

2. 制动能量回收系统

制动能量回收系统把汽车制动时的一部分动能转化为其他形式的能量储存起来,在减速或制动的同时达到回收制动能量的目的,然后在汽车起步或加速时又释放储存的能量。制动能量回收对于提高电动汽车的能量利用率具有重要意义。国外有关研究表明,在存在较频繁的制动与启动的城市工况运行条件下,有效地回收制动能量可使电动汽车降低约 15% 的能量消耗,续驶里程延长约 10%。

四轮轮毂电机驱动的纯电动汽车制动能量回收系统的结构如图 5-3 所示。电动汽车的制动过程是在液压摩擦制动与电机再生制动协调作用下完成的。制动能量回收系统主要由轮毂电机、电机控制器、逆变器、制动控制器和动力电池等部件组成。汽车进行制动时,制动控制器根据不同的制动工况发出不同的指令,通过电机控制器控制轮毂电机,进行再生制动。

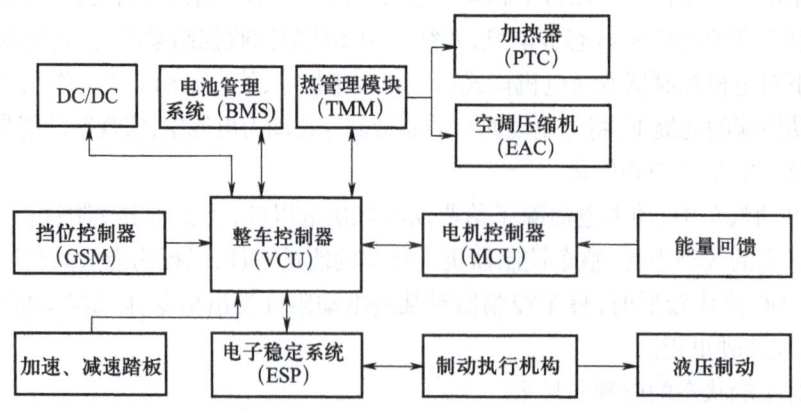

图 5-3　四轮轮毂电机驱动的纯电动汽车制动能量回收系统的结构

复习提高

一、填空题

1. 整车控制器是电动汽车_____、_____、_____、_____等功能的主要控制部件。
2. 整车控制器通过采集_____、_____、_____等驾驶信息,提取驾驶员的驾驶意图和车辆运行状态信息。

二、判断题

1. (　　)电动汽车的驱动电机按照驾驶员意图输出驱动或制动转矩。
2. (　　)整车控制器只能以接收CAN总线上的数据的方式获得车辆运行的实时数据。
3. (　　)电动汽车制动能量回收系统把汽车制动时的一部分动能转化为电能储存起来。

学习情景 5.1　高低压转换系统的检修

学习目标

知识目标:
1. 了解整车高压系统的基本组成与原理。
2. 掌握DC/DC转换器的功能。
3. 掌握DC/DC转换器的原理。

能力目标:
1. 能够正确使用DC/DC转换器相关检修工具。
2. 能够在检修作业前做好高压安全防护,规范完成车辆高压断电操作。
3. 能够以小组合作的形式,进行DC/DC转换器的检修。

素养目标:
1. 提升逻辑思维能力。
2. 通过实践操作,树立安全第一意识。
3. 提升知识迁移能力。
4. 能够考虑安全与环保因素,遵守安全规范。

知识导航

1. 高压系统结构

电动汽车高压系统主要包括高压电池、高压控制盒、电机控制器、快充线束、慢充线束、车载充电机、DC/DC 转换器、加热器以及空调等部件,如图 5-4 所示。

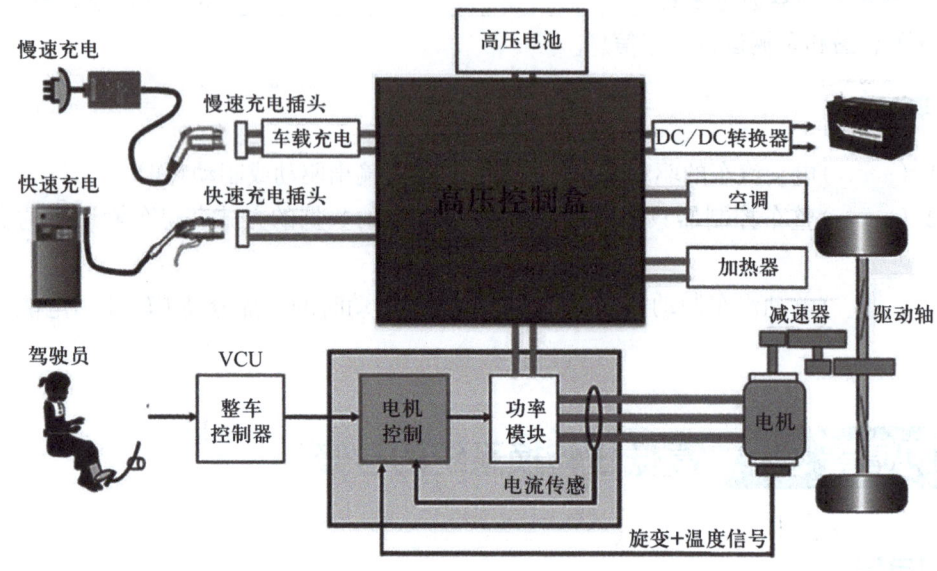

图 5-4　高压系统结构

2. 高压控制盒

如图 5-5 所示,来自于动力电池的高压直流电通过高压控制盒实现电源分配、接通以及断开的功能控制。

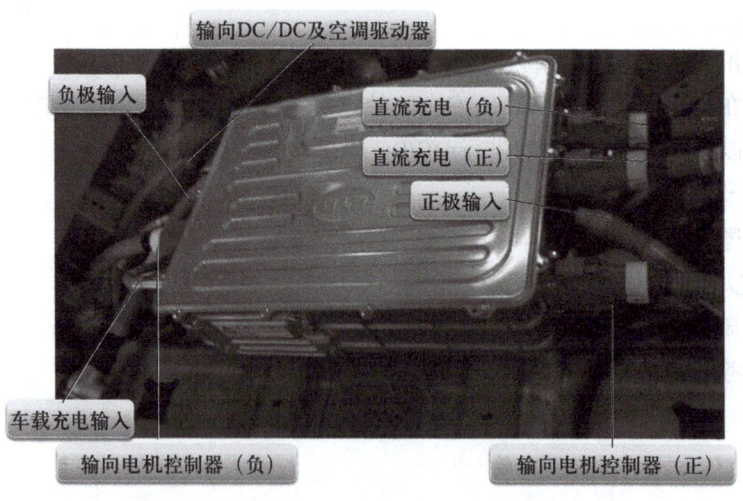

图 5-5　高压控制盒

3. DC/DC 转换器

DC/DC（Direct Current，DC）转换器（图 5-6）是直流/直流转换器的简称。

传统汽车 12 V 低压供电设备主要是由蓄电池和内燃机驱动的发电机供电。而纯电动汽车不再搭载内燃机，取而代之的是搭载可充电的动力电池为整车提供高压直流电，作为维系车辆正常工作运行的能量源。然而，由于纯电动汽车上大量的电器元件和控制系统都使用 12 V 电源，所以必须有一种装置能够对低压蓄电池进行充电，以保证有充足的电量供车辆使用，这种装置就是 DC/DC 转换器，又称直流电源转换模块。纯电动汽车通过使用 DC/DC 转换器能够将动力电池 300 V 以上的直流电压转换为 14 V 的直流恒压电源，供车辆使用。

图 5-6　DC/DC 转换器

保留铅蓄电池是必要的，一是保留铅蓄电池更能够降低整个车辆的成本。低压系统能耗见表 5-1。铅蓄电池能在短时间内向刮水器及车灯等释放大电流。省去铅蓄电池会导致 DC/DC 转换器的尺寸增大，成本增加。二是铅蓄电池可增加供电的冗余度。当 DC/DC 转换器出现故障停止供电时，如果没有铅蓄电池，低压电就会立即停止运行，从而影响驾驶。有了铅蓄电池就能够将汽车开到附近的修理厂进行修理。

表 5-1　低压系统能耗

辅助子系统	工作状态	功耗/W	辅助子系统	工作状态	功耗/W
电动空调压缩机	高压连续	2 k～4 k	仪表	12 V 连续	30
电动空气压缩机	高压连续	1.5 k	停车灯、转向灯及车内灯	12 V 断续	50
前风窗除霜器	高压连续	250	动力转向系统	12 V 连续	400
能量管理系统	12 V 连续	150	电动汽车车窗	12 V 断续	80
车头灯和尾灯	12 V 连续	120	高压接触器	12 V 连续	20
喇叭	12 V 断续	10	刮水器	12 V 连续	40

> 学习任务

1. 信息（创设情境，提供资讯）

一台比亚迪 e2 电动汽车报故障代码，DC/DC 转换器无输出电压。经分析，可能是 DC/DC 保险（图 5-7）故障、DC/DC 转换器损坏、低压控制系统故障，以及高压系统故障等原因，需要进行进一步的检查与分析。

图 5-7　DC/DC 保险

独立工作，搜集高低压转换系统控制策略方面信息，完成以下任务。

（1）请查阅资料，找到 DC/DC 保险的位置并计划检测方法。

（2）请查阅资料，阐述此车型 DC/DC 转换器安装位置，并在实车或台架上找到实物。

（3）请查阅资料，阐述高压线路及其控制模块的工作原理。

（4）请查阅资料，阐述低压线路及其控制模块的工作原理。

（5）请分析此任务中需要使用何种工具进行检测。

2. 计划（分析任务，制订计划）

个人/小组工作，根据高低压系统检修任务要求完成下列任务。

（1）请根据系统电气原理图，拟定测试项目及说明表。

序号	测试项目	实际测试值	参考值	是否合格

（2）请根据高低压转换系统故障检修任务要求及电气原理图，拟定检修步骤。

（3）请根据实训中心现场情况，列出高低压转换系统检修操作所需工具及材料清单。

序号	名称	符号	型号	数量	规格
1					
2					
3					
4					
5					
6					
7					

3. 决策（集思广益，做出决定）

个人/小组工作，根据高低压转换系统检修及电气原理图完成以下任务。

（1）请参照相关技术文件，确定需测量的项目。

（2）请参考工作计划模板，制订高低压转换系统检修任务小组工作计划，确认成员分工及计划时间，并记录工作要点。

序号	工作计划	职责	人员	计划工时	备注
1					
2					
3					
4					
5					
6					
7					
8					

4. 实施（分工合作，沟通交流）

（1）小组工作，按工作计划实施高低压转换系统检修任务。

序号	行动步骤	实施人员	实际用时	计划工时
1				
2				
3				
4				

（2）独立工作，选用万用表合适量程对高低压转换系统进行检查，并记录检查关键点和结果。

步骤	检查关键点	测量方式	结果处理
1			
2			
3			
4			
5			

5. 控制（查漏补缺，质量检测）

（1）个人/小组工作，明确检测要素及整改措施。

序号	检测要素	技术标准	是否完成	整改措施

（2）小组工作，检查小组的工作实施情况。

检查项目	检查结果			需完善点	其他
	个人检查	小组检查	教师检查		
工时执行					
5S 执行					
质量成果					
学习投入					
获取知识					
技能水平					
安全、环保					
设备使用					
突发事件					

6. 评价（总结过程，任务评估）

（1）小组工作，向其他同学介绍自己的总结，描述收获、问题和改进措施。对于工作过程中的不足之处，征求其他同学的意见。

- 收获

- 问题

- 改进措施

学习模块 5　高压电控系统的结构与检修

- 别人给自己的意见

（2）请小组之间按照评分标准进行工作过程自评和互评。

班级		被评组名		日期		
指标	评价要素			分数	自评	互评
信息检索	是否能有效利用网络资源、工作手册查找有效信息			5		
	是否能有条理地解释、表述、应用高低压转换系统知识			10		
感知工作	成员是否能熟悉自己的工作岗位，认同工作价值			5		
	成员在工作中是否获得满足感			5		
参与状态	成员与教师、同学之间是否相互尊重、理解、平等、有效沟通			15		
	成员是否能独立思考、倾听、协作分享			10		
学习方法	工作计划、操作是否符合规范要求			10		
	成员是否获得了进一步发展的能力			5		
工作过程	是否遵守管理规程，上课出勤和任务完成情况			10		
思维状态	是否能发现问题、分析问题、解决问题			15		
自评反馈	是否能严肃认真地对待自评，并能独立完成自测题			10		
总分				100		
简要评述						

（3）请教师按照评分标准对各小组进行任务工作过程总评。

班级			组名		姓名		出勤	
指标			评价要素		分数	评价标准		师评
一	信息	口头或书面梳理任务要点	1. 仪态自然、吐字清晰		15	仪态不自然、含糊扣5分		
			2. 工作页表述准确，思路清晰、层次分明			工作页表述不准确、不清晰扣5分		
二	计划	制订工作计划并准备工具	1. 高低压转换系统检修计划切实可行		15	工作计划不可行扣5分		
			2. 计划及工具清单列举合理			计划及清单不合理扣5分		
	决策	列出检修流程图及具体计划	1. 检修流程图逻辑清晰		20	每1处计划不合理扣2分		
			2. 制订合理的检修计划					

续表

班级		组名		姓名		出勤		
	指标		评价要素	分数	评价标准		师评	
三	实施	检修准备	1. 工具、电路图、辅材准备	2	每漏1项扣1分			
		检修操作	2. 正确选择工具、相关电路图及辅材	3	每选择错误1项扣1分			
			3. 正确实施计划无失误（依据评分表）	15	与计划不符合视情况扣1分			
		现场	4. 在工作过程中保持6S,设备、工具、电路图摆放整齐,现场恢复整理	10	每出现1项情况扣1分			
四	控制	检查工作质量	正确检查工作流程、具体检测部件、线路	10	自我正确检查工作步骤并分析,每错1项扣1分			
五	评价	工作过程评价	1. 自评	5				
			2. 互评	5				
		合计		100				

复习提高

一、填空题

1. 电动汽车高压系统主要包括动力电池、_____、快充线束、_____、慢充线束、充电机、_____、加热器以及空调等部件。

2. 高压控制盒实现_____、_____以及_____的功能控制。

二、判断题

1.（ ）保留铅蓄电池是必要的,保留铅蓄电池更能够降低整个车辆的成本。

2.（ ）DC/DC 转换器是直流/交流转换器的简称。

3.（ ）DC/DC 将高压电转换为 14 V 左右的直流恒压电源,供车辆使用。

学习情景 5.2　高压互锁系统的原理与检修

学习目标

知识目标：
1. 熟悉高压互锁系统的基本组成与原理。
2. 掌握高压互锁系统的功能。
3. 掌握高压互锁系统的检修方法。

能力目标：
1. 能够正确使用新能源汽车高压互锁系统相关检修工具。
2. 能够在检修作业前做好高压安全防护，规范完成车辆高压断电操作。
3. 能够以小组合作的形式，进行高压互锁系统的检修。

素养目标：
1. 提升逻辑思维能力。
2. 树立安全第一意识。
3. 提高知识迁移能力。
4. 能够考虑安全与环保因素，遵守工位 5S 与安全规范。

知识导航

1. 高压互锁系统概述

高压互锁（High Voltage Inter-Lock，HVIL）系统，又称高压互锁回路系统、危险电压互锁回路，其结构如图 5-8 所示。HVIL 是混合动力和全电动汽车的安全功能，可在车辆组装、维护和操作过程中保护人员。HVIL 系统旨在保护任何可能在电动汽车生命周期任

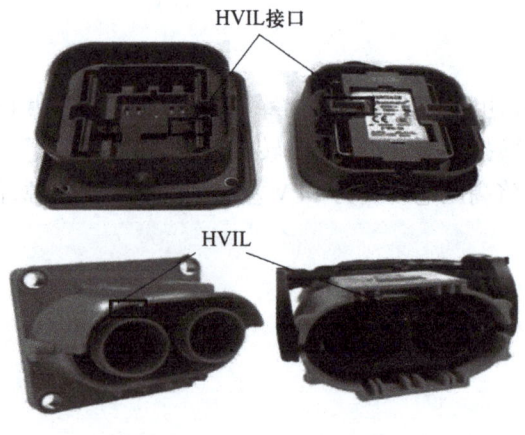

图 5-8　HVIL 系统的结构

何阶段接触高压组件的人。

如图 5-9 所示，HVIL 系统是通过使用低压信号来检查电动汽车上所有与高压母线相连的各分路，包括动力电池、驱动电机、电机控制器、高压控制盒等电气回路连接完整性的一种安全设计。理论上 HVIL 信号回路要比高压先接通、后断开，且须间隔一定的时长。

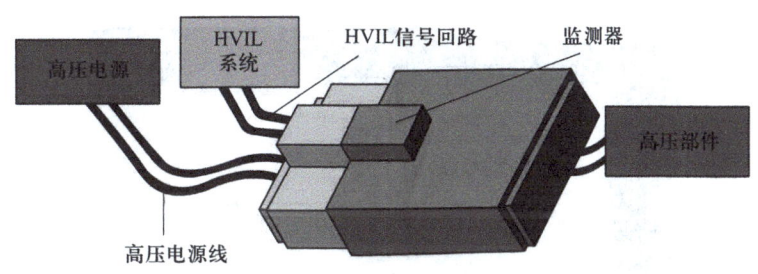

图 5-9　HVIL 系统原理图

HVIL 系统是一种断路器。如果高压连接在车辆运行过程中松动、断开或损坏，它将向驾驶员发送报警或故障代码。HVIL 还有助于在事故发生时保护驾驶员和乘客。

理论上，低压监测电路比高压先连接，然后断开，间隔一定时间（如 150ms）。不同的项目有不同的设计。目前，它主要集成在高压线束连接器上。也就是说，在高压线束连接器上，存在额外的一组低压电路用于监测 HVIL 电路的完整性。

2. HVIL 系统的功能

功能 1：车辆上电前，如果检测到电路不完整，系统无法上电，避免因虚接等问题造成事故。

功能 2：防止人为误操作造成的安全事故。在高压系统工作过程中，如果没有高压互锁设计，则需手动断开高压连接点。在断开的瞬间，整个电路的电压将全部增加到断点的两端。电压击穿空气，在两个设备之间拉弧。虽然时间短，但能量高，可能会损坏断点周围的人员和设备。

功能 3：检测高压电路松动（会导致高压断电、车辆动力丧失、影响乘车安全），并在高压断电前向车辆控制器提供报警信息，预留车辆系统采取对策的时间。

3. HVIL 系统的工作原理

HVIL 系统使用连续的低压电路来监控电动汽车中的所有高压连接器和组件。如果低压 HVIL 信号因任何原因中断，则表明高压系统存在需要解决的问题。

当 HVIL 系统中电路出现故障时，会触发故障诊断代码，车辆控制面板会发出警报信息，提醒驾驶员车辆有问题，并及时送修。

同时，故障诊断代码还为维修技术人员提供了车辆出现故障的信息，使维修技术人员尽可能避免危害安全的问题。

学习任务

1. 信息（创设情境，提供资讯）

一台比亚迪 e5 电动汽车报高压互锁故障码"P1AC300"（图 5-10），不能正常充上 OK

电,不能挂挡行驶,屏幕显示"请检查动力系统故障"。

诊断:找到比亚迪 e5 车型 HVIL 系统的电气原理图(图 5-11),对其结构原理进行分析,发现可能是 HVIL 低压线路故障,也可能是电池管理系统控制器故障,或高压电线与零部件故障。对高压系统进行维修时应注意安全。

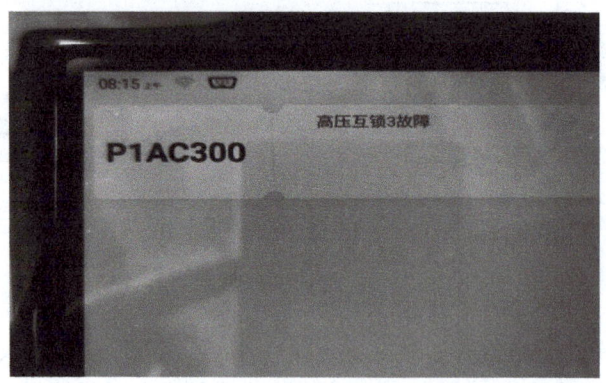

图 5-10　HVIL 系统故障码

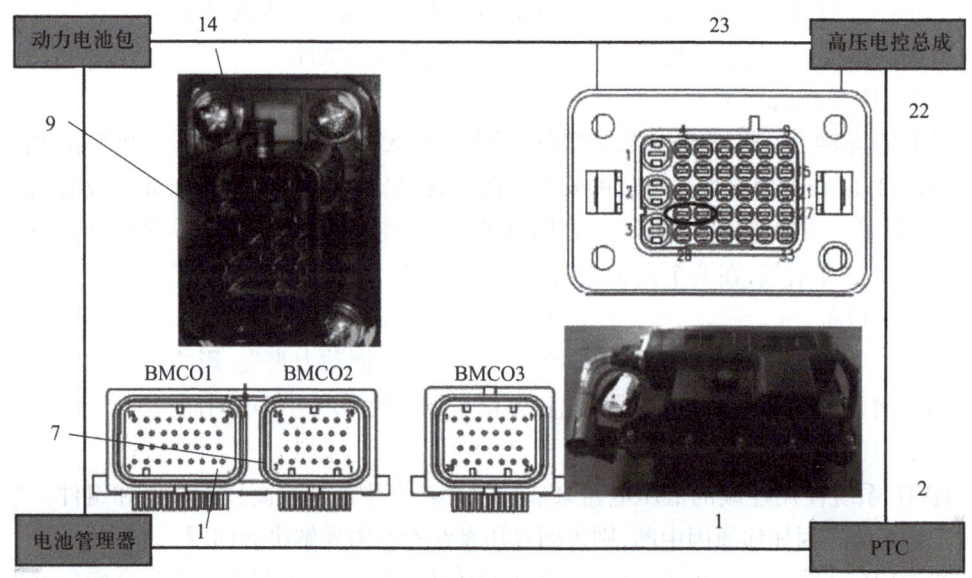

图 5-11　比亚迪 e5 HVIL 系统电路原理

独立工作,搜集 HVIL 系统控制策略相关信息,完成以下任务。

(1)请查阅资料,阐述故障码"P1AC300"的成因。

（2）请查阅资料，阐述此车型 HVIL 系统及电池管理系统安装位置，并在实车或台架上找到实物。

（3）请查阅资料，阐述 HVIL 系统线路的检测方法，及本任务中需要用到哪一种。

（4）请查阅资料，阐述高压互锁的原理和高压互锁的条件。

（5）请分析本任务中需要使用哪些工具。

（6）请查阅资料，绘制 HVIL 系统电气原理图（含针脚定义）。

2. 计划（分析任务，制订计划）

个人/小组工作，根据 HVIL 系统检修任务要求完成下列任务。

（1）请根据 HVIL 系统电气原理图，拟定测试项目及说明表。

序号	测试项目	实际测试值	参考值	是否合格

（2）请根据 HVIL 系统检修任务及电气原理图，确定具体检修步骤。

（3）请根据实训中心现场情况，列出 HVIL 系统检修操作所需工具及材料清单。

序号	名称	符号	型号	数量	规格
1					
2					
3					
4					
5					
6					

3. 决策（集思广益，做出决定）

个人/小组工作，根据 HVIL 系统检修任务要求及电气控制原理图完成以下任务。

（1）请参照相关技术文件，确定本任务的测量项目。

（2）请参考工作计划模板，制订 HVIL 系统故障检修任务小组工作计划，确认成员分工及计划时间，并记录工作要点。

序号	工作计划	职责	人员	计划工时	备注
1					
2					
3					
4					
5					
6					
7					

4. 实施（分工合作，沟通交流）

（1）小组工作，按工作计划实施 HVIL 系统检修任务。

序号	行动步骤	实施人员	实际用时	计划工时
1				
2				
3				
4				
5				
6				
7				
8				

（2）独立工作，选用万用表合适量程对 HVIL 系统进行检查，并记录检查关键点和结果。

步骤	检查关键点	测量方式	结果处理
1			
2			
3			
4			
5			
6			
7			
8			

5. 控制（查漏补缺，质量检测）

（1）个人/小组工作，明确检测要素及整改措施。

序号	检测要素	技术标准	是否完成	整改措施

（2）小组工作，检查各小组的工作实施情况。

检查项目	检查结果			需完善点	其他
	个人检查	小组检查	教师检查		
工时执行					
5S 执行					
质量成果					
学习投入					
获取知识					
技能水平					
安全、环保					
设备使用					
突发事件					

6. 评价（总结过程，任务评估）

（1）小组工作，向其他同学介绍自己的总结，描述收获、问题和改进措施。对于工作中的不足，征求其他同学的改进意见。

- 收获

- 问题

- 改进措施

- 别人给自己的意见

（2）请小组之间按照评分标准进行工作过程自评和互评。

班级		被评组名		日期		
指标	评价要素			分数	自评	互评
信息检索	是否能有效利用网络资源、工作手册查找有效信息			5		
	成员是否能有条理地解释、表述、应用高压互锁系统知识			10		
感知工作	成员是否能熟悉自己的工作岗位，认同工作价值			5		
	成员在工作中是否获得满足感			5		
参与状态	成员与教师同学之间是否相互尊重、理解、平等、有效沟通			15		
	成员是否能独立思考、倾听、协作分享			10		
学习方法	工作计划、操作技能是否符合规范要求			10		
	成员是否获得了进一步发展的能力			5		
工作过程	是否遵守管理规程，上课出勤和任务完成情况			10		
思维状态	是否能发现问题、分析问题、解决问题			15		
自评反馈	是否能严肃认真地对待自评，并能独立完成自测题			10		
总分				100		
简要评述						

（3）请教师按照评分标准对各小组进行任务工作过程总评。

班级			组名		姓名		出勤		
	指标		评价要素		分数	评价标准			师评
一	信息	口头或书面梳理任务要点	1. 仪态自然、吐字清晰		15	仪态不自然、含糊扣 5 分			
			2. 工作页表述准确，思路清晰、层次分明			工作页表述不准确、不清晰扣 5 分			
二	计划	制订工作计划并准备工具	1. HVIL 系统检修计划切实可行		15	检修计划不可行扣 5 分			
			2. 制订计划及工具清单列举合理			计划及清单不合理扣 5 分			
	决策	列出检修流程图及具体计划	1. 检修流程图逻辑清晰		20	每 1 处计划不合理扣 2 分			
			2. 制订合理的检修计划						
三	实施	检修准备	1. 工具、电路图、辅材准备		2	每漏 1 项扣 1 分			
		检测操作	2. 正确选择工具、相关电路图及辅材		3	每选择错误 1 项扣 1 分			
			3. 正确实施计划无失误（依据评分表）		15	与计划不符合视情况扣 1 分			
		现场	4. 在工作过程中保持 5S，设备、工具、电路图摆放整齐，工作现场恢复整理		10	每出现 1 项情况扣 1 分			

续表

班级		组名		姓名		出勤		
指标		评价要素		分数	评价标准			师评
四	控制	检查工作质量	正确检查工作流程、具体检测部件、线路	10	自我正确检查工作步骤并分析,每错1项扣1分			
五	评价	工作过程评价	1. 自评	5				
			2. 互评	5				
		合计		100				

复习提高

一、填空题

1. 高压互锁系统是通过使用低压信号来检查电动汽车上所有与高压母线相连的各分路,包括_____、_____、_____、_____等电气回路连接完整性的一种安全设计。

2. HVIL 系统是一种断路器。如果高压连接在车辆运行过程中_____、_____、_____,它将向驾驶员发送报警或故障代码。

二、判断题

1.（　　）在高压系统工作过程中,如果没有高压互锁设计,则需手动断开高压连接点。

2.（　　）当 HVIL 电路出现故障时,不会触发故障诊断代码。

学习情景 5.3　CAN 总线系统的检修

学习目标

知识目标:
1. 掌握 CAN 总线系统的特点。
2. 掌握 CAN 总线系统的原理与组成。
3. 掌握 CAN 总线系统的检修方法。

能力目标:
1. 能够正确使用 CAN 总线系统相关检修工具。
2. 能够在检修作业前做好高压安全防护,规范完成车辆高压断电操作。
3. 能够以小组合作的形式,完成 CAN 总线系统的检修。

素养目标:

1. 提升逻辑思维能力。
2. 树立安全第一意识。
3. 提高知识迁移能力。
4. 能够考虑安全与环保因素,遵守工位 5S 与安全规范。

知识导航

1. CAN 总线系统概述

随着汽车技术的不断发展、功能的日益增加和完善,车载电子控制模块的数量以惊人的速度增加,各电子控制模块之间的数据交换也随之增加。解决这个问题的关键就是利用计算机网络技术,将车载控制模块通过车载网络连接起来,实现数据信息的高效传输。车载网络形式多种多样,目前应用最广泛的是控制器局域网络(Controller Area Network, CAN),如图 5-12 所示,即 CAN 总线系统。

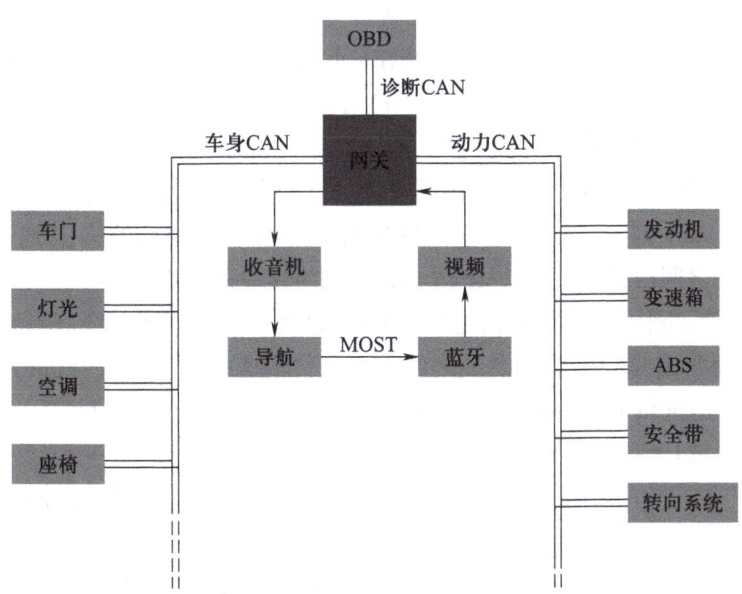

图 5-12 电动汽车 CAN 总线系统

2. CAN 总线系统的组成

如图 5-13 所示为 CAN 总线系统结构,CAN 总线系统主要由 CAN 控制器、CAN 收发器、终端电阻和传输线等组成。除数据传输线外,其他元件都置于控制单元内部。CAN 控制器的作用是接收控制单元中微处理器发出的数据、处理数据并传给 CAN 收发器;同时,CAN 控制器也接收 CAN 收发器收到的数据、处理数据并传给微处理器。CAN 收发器由一个发射器和一个接收器组成,其作用是将从 CAN 控制器接收的数据转换成能够通过 CAN 总线传递的电信号,并能双向传递。

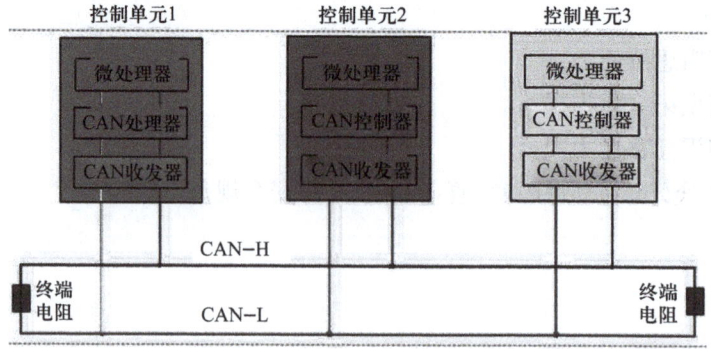

图 5-13 CAN 总线系统结构

终端电阻是一个电阻器,每个电阻值为 120 Ω,其作用是防止信号在传输过程中因回波反射造成对信号的叠加,从而使信号产生失真,影响数据的正常传输。

传输线是被 CAN 总线系统用以传输数据的双向数据线,分为 CAN 高位(CAN-H)和 CAN 低位(CAN-L)数据线。CAN 总线数据没有指定接收器,数据通过数据总线同时发送给各控制单元,各控制单元接收后开始对数据进行分析、判断和计算。为了防止外界电磁波干扰和向外辐射,CAN 总线采用由两条线缠绕在一起组成的双绞线,这两条线上的电位是相反的,如果一条线的电压是 5 V,另一条线就是 0 V,两条线的电压总和等于常值。因此,CAN 总线得到保护而免受外界电磁场干扰,同时 CAN 总线向外辐射也保持中性,即无辐射。由于汽车上通常采用多种总线将控制单元连接成网络,而不同总线之间无法直接相互传递数据,而是通过网关(Gateway)将不同总线互联。网关是汽车内部网络通信的核心,通过它可以实现各种总线上模块之间信息的共享以及汽车内部的网络管理和故障诊断功能。

各个控制单元利用双绞线分别连接在 CAN 总线系统的舒适总线、驱动总线上,通过网关"翻译",将舒适总线与驱动总线之间的信息传输速率和识别代号进行转换,从而实现信息的可靠、迅速和实时传输,完成控制单元对相应模块功能的控制。

由于不同区域 CAN 总线的速率和识别代号不同,因此某一信号要从一个总线进入到另一个总线区域,必须改变此信号的速率和识别代号,让另一个系统能够接受,这个任务由网关来完成。

3. CAN 总线系统的信息传输过程

如图 5-14 所示,CAN 总线所传递的每个完整信息均由开始域、状态域、确认域、数据域、安全域、检验域和结束域构成。

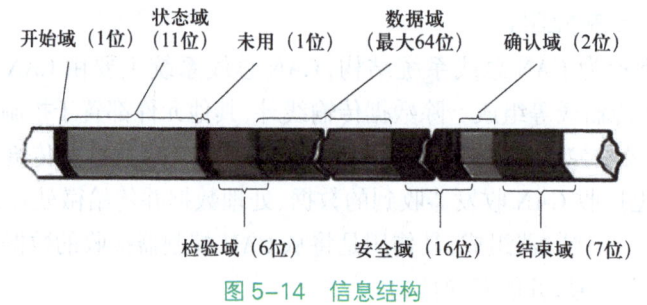

图 5-14 信息结构

图 5-15 为 CAN 总线系统信息传输波形。

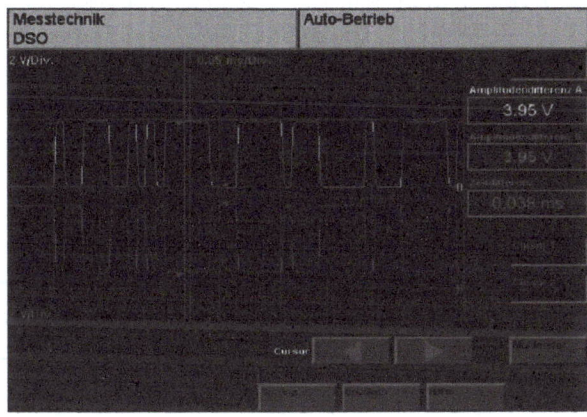

图 5-15　CAN 总线系统信息传输波形

学习任务

1. 信息（创设情境，提供资讯）

一台比亚迪 e5 电动汽车，不能正常充电，不能挂挡行驶，屏幕显示"请检查动力网"。

诊断：本任务中仅针对此车的 CAN 总线系统（图 5-16）进行故障排查，其动力网络涉及电池管理器、DC-DC（高低压转换系统）、VTOG、主控制器等模块，应检查动力网络 CAN 总线故障、终端电阻、CAN 总线系统电压、网关及各控制模块问题。

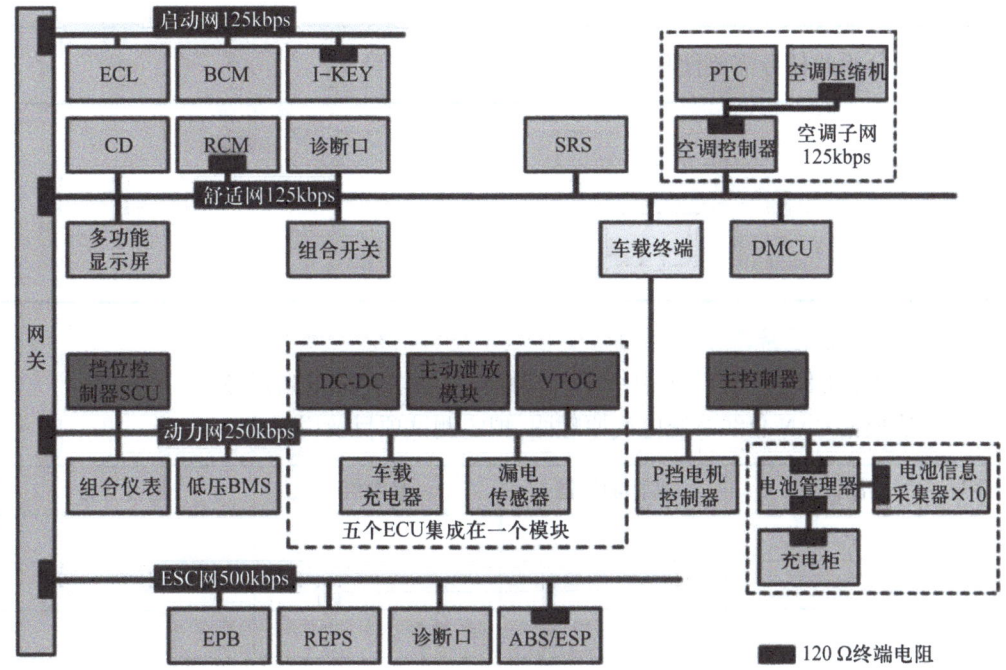

图 5-16　比亚迪 e5 CAN 总线系统

独立工作，搜集 CAN 总线系统控制策略相关信息，完成以下任务。

（1）请查阅资料，阐述终端电阻在此车的安装位置，并简述检测终端电阻的方法与对照值。

（2）请查阅资料，阐述此车型网关控制器的安装位置，并在实车或台架上找到实物。

（3）请查阅资料，阐述 CAN 总线线路中断路、短路、虚接情况下分别采用什么检测维修的方法。

（4）请分析此任务需要使用哪些工具进行检测。

2. 计划（分析任务，制订计划）

个人/小组工作，根据 CAN 总线系统检修任务要求完成下列任务。

（1）请根据 CAN 总线系统电气原理图，拟定测试项目及说明表。

序号	测试项目	实际测试值	参考值	是否合格

（2）请根据CAN总线系统检修任务要求及电气原理图，拟定检修步骤。

（3）请根据实训中心现场情况，列出CAN总线系统检修过程所需工具及材料清单。

序号	名称	符号	型号	数量	规格
1					
2					
3					
4					
5					
6					

3. 决策（集思广益，做出决定）

个人/小组工作，根据CAN总线系统检修任务要求及电气原理图完成以下任务。

（1）请参照相关技术文件，绘制各测试项目检测流程图。

（2）请参考工作计划模板，制订CAN总线系统检修任务小组工作计划，确认成员分工及计划时间，并记录工作要点。

序号	工作计划	职责	人员	计划工时	备注
1					
2					
3					
4					
5					
6					

4. 实施（分工合作，沟通交流）

（1）小组工作，按工作计划实施 CAN 总线系统检修任务。

序号	行动步骤	实施人员	实际用时	计划工时
1				
2				
3				
4				
5				
6				
7				
8				

（2）独立工作，选用万用表合适量程对 CAN 总线系统进行检查，并记录检查关键点和结果。

步骤	检查关键点	测量方式	结果处理
1			
2			
3			
4			
5			
6			

5. 控制（查漏补缺，质量检测）

（1）个人/小组工作，明确检测要素及整改措施。

序号	检测要素	技术标准	是否完成	整改措施

（2）小组工作，检查各小组的工作实施情况。

检查项目	检查结果			需完善点	其他
	个人检查	小组检查	教师检查		
工时执行					
5S 执行					
质量成果					
学习投入					
获取知识					
技能水平					
安全、环保					
设备使用					
突发事件					

6. 评价（总结过程，任务评估）

（1）小组工作，向其他同学介绍自己的总结，描述收获、问题和改进措施。

- 收获

- 问题

- 改进措施

- 他人意见

学习模块 5　高压电控系统的结构与检修

（2）请小组之间按照评分标准进行工作过程自评和互评。

班级		被评组名		日期			
指标		评价要素			分数	自评	互评
信息检索		是否能有效利用网络资源、工作手册查找有效信息			5		
		是否能有条理地解释、表述、应用CAN总线系统知识			10		
感知工作		成员是否能熟悉自己的工作岗位，认同工作价值			5		
		成员在工作中是否获得满足感			5		
参与状态		成员与教师、同学之间是否相互尊重、理解、平等、有效沟通			15		
		成员是否能独立思考、倾听、协作分享			10		
学习方法		工作计划、操作技能是否符合规范要求			10		
		成员是否获得了进一步发展的能力			5		
工作过程		是否遵守管理规程，上课出勤和任务完成情况			10		
思维状态		是否能发现问题、分析问题、解决问题			15		
自评反馈		成员是否能严肃认真地对待自评，并能独立完成自测题			10		
		总分			100		
简要评述							

（3）请教师按照评分标准对各小组进行任务工作过程总评。

班级			组名		姓名		出勤	
	指标		评价要素		分数		评价标准	师评
一	信息	口头或书面梳理任务要点	1. 仪态自然、吐字清晰		15		仪态不自然、含糊扣5分	
			2. 工作页表述准确，思路清晰、层次分明				工作页表述不准确、不清晰扣5分	
二	计划	制订工作计划并准备工具	1. CAN总线系统检修计划切实可行		15		工作计划不可行扣5分	
			2. 制订计划及工具清单列举合理				计划及清单不合理扣5分	
	决策	列出检修流程图及检修计划	1. 流程图逻辑清晰 2. 制订合理的检修计划		20		每1处计划不合理扣2分	
三	实施	检修准备	1. 工具、电路图、辅材准备		2		每漏1项扣1分	
		检修操作	2. 正确选择工具、相关电路图及辅材		3		每选择错误1项扣1分	
			3. 正确实施计划无失误（依据评分表）		15		与计划不符合视情况扣1分	
		现场	4. 在工作过程中保持5S，设备、工具、电路图摆放整齐，工作现场恢复整理		10		每出现1项情况扣1分	

续表

班级		组名		姓名		出勤		
指标		评价要素		分数	评价标准			师评
四	控制	检查工作质量	正确检查工作流程、具体检测部件、线路	10	自我正确检查工作步骤并分析,每错1项扣1分			
五	评价	工作过程评价	1. 自评	5				
			2. 互评	5				
		合计		100				

复习提高

一、填空题

1. CAN 总线系统主要由_____、_____、_____、_____组成。
2. CAN 总线系统所传递的每个完整信息均由_____、_____、_____、_____、安全域、检验域和结束域构成。

二、判断题

1. （　　）CAN 总线采用两条线缠绕在一起组成的双绞线,这两条线上的电位是相反的。
2. （　　）终端电阻是一个电阻器,每个电阻值为 60 Ω。
3. （　　）网关把不同网络的信号的速率和识别代号进行改变,能够让另一个系统接收。

学习情景 5.4　整车高压系统的检修

学习目标

知识目标:
1. 了解整车高压系统不能上电故障的原因。
2. 掌握整车高压系统不能上电故障的诊断流程。
3. 掌握整车高压系统不能上电故障的机理。

能力目标:
1. 能够正确使用新能源整车高压系统不能上电故障检修相关工具。

2. 能够在检修作业前做好高压安全防护,规范完成车辆高压断电操作。

3. 能够以小组合作的形式,完成整车高压系统不能上电故障的检修。

素养目标:

1. 提升逻辑思维能力。
2. 树立安全第一意识。
3. 通过课后设计不同车型的高压故障检修流程,提高知识迁移能力。
4. 能够考虑安全与环保因素,遵守工位 5S 与安全规范。

知识导航

当前新能源汽车发展迅速,整车高压系统的检修成为汽车维修的一个新的问题,本节以比亚迪 e5 车型为例,讲解整车高压系统检修的流程。

1. 分布式电池管理系统

比亚迪 e5 的电池管理系统位于高压电控后部,如图 5-17 所示,由 1 个电池管理控制器(Battery Management Controller,BMC)和 13 个电池信息采集器(Battery Information Collector,BIC)及 1 套动力电池采样线组成。BMC 主要实现充/放电管理、接触器控制、功率控制、电池异常状态报警和保护、SOC/SOH 计算、自检以及通信等功能。BIC 的主要功能有电池电压采样、温度采样、电池均衡、采样线异常检测等;动力电池采样线的主要功能是连接电池管理控制器和电池信息采集器,实现二者之间的通信及信息交换。

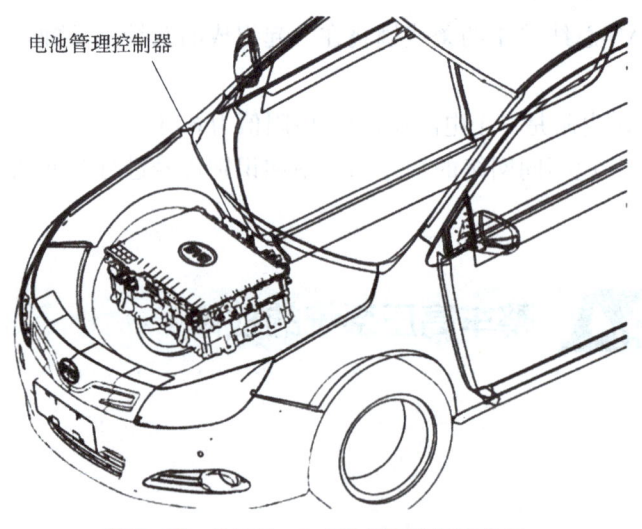

图 5-17 比亚迪 e5 电池管理控制器位置

BMC 监测的主要数据包括动力电池电压数据、电流数据、温度数据、碰撞数据、漏电数据,如图 5-18 所示。当电动汽车高压系统漏电检测未发现异常、电池信息采集正常、未发生碰撞情况、高压互锁检测正常、CAN 网络系统运行正常、BMC 监测到系统正常时,发出控制电池包内部接触器的控制信号,使接触器闭合,完成高压上电。

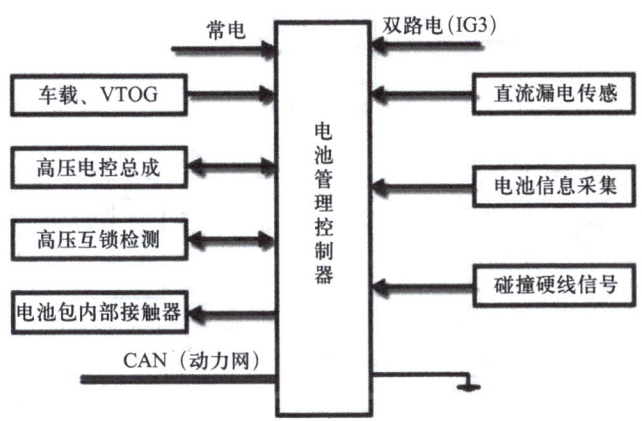

图 5-18 比亚迪 e5 电池管理控制器

2. 高压电控总成

如图 5-19 所示,比亚迪 e5 高压电控总成集成两电平双向交流逆变式电机控制器模块、车载充电器模块、DC/DC 转换器模块、高压配电模块,以及漏电传感器。

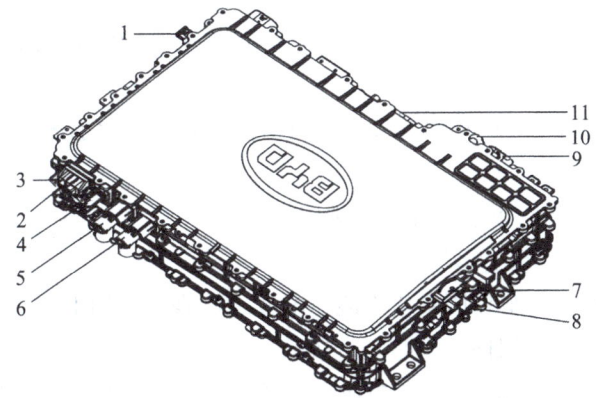

1—DC 直流输出接插件;2—33 pin 低压信号接插件;3—高压输出空调压缩机接插件;
4—高压输出 PTC 接插件;5—动力电池正极母线;6—动力电池负极母线;7—64 pin 低压接信号插件;
8—入水管;9—交流输入 L2、L3 相;10—交流输入 L1、N 相;11—驱动电机三相输出接插件

图 5-19 比亚迪 e5 高压电控总成

3. 上电原理

比亚迪 e5 上电原理如图 5-20 所示。

比亚迪 e5 整车高压系统上电流程如下:

(1)驾驶员携带车钥匙进入车辆,踩住驻车制动,打开启动按钮,由车身控制器电脑采集"制动踏板"和"启动按钮"信息,由 VTOG 与 keyless-ECU 防盗系统认证。

(2)电池管理控制器得电,并收到报文。

(3)电池管理控制器自检是否正常,一般异常情况有电池组严重欠压、过压、过温、漏电,接触器损坏,高压互锁有故障等。

(4)自检完成后,BMS 控制预充接触器吸合。

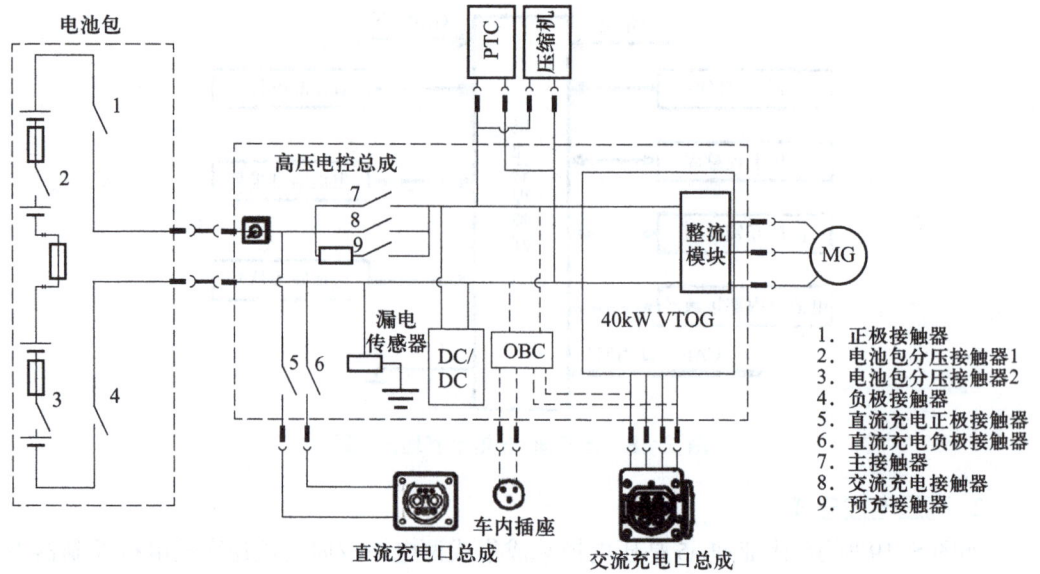

图 5-20　比亚迪 e5 高压系统上电原理

（5）检查母线电压达到规定，且无电压报警及严重漏电信号。如果出现以上情况，则上电失败。

（6）如果一切正常，则断开预充接触器，接通主接触器，从预充到接通主接触器大概需 3 s。

（7）仪表 OK 灯亮起，车辆可挂挡行驶。

4. 高压不能上电故障检修流程

以比亚迪 e5 为例，整车高压系统不能上电故障检修步骤如下：

（1）连接专用解码器扫描整车是否有故障。

（2）用万用表电压挡检测 BMC 的输入电源是否正常，并用万用表电阻挡测量 BMC 的地线与车身搭铁是否正常。

（3）用万用表电压挡检测 BIC 的输入电源是否正常，并用万用表电阻挡测量 BIC 的地线与车身搭铁是否正常。

（4）用万用表电压挡检测 BMC 的输出接触器（分压器）电源是否正常、接触器地线与车身搭铁是否正常。

（5）连接解码器测试正负接触器（分压器）是否吸合。

（6）用万用表电阻挡检测手动维修开关接触点两端是否导通（正常值导通，比亚迪 e5 2015 款和 2016 款不带手动维修开关）。

（7）用万用表的电阻挡检测第六个电池模组、第十个电池模组端的熔断器是否烧断。

（8）用万用表电压挡检测预充继电器输入电源是否正常，并用万用表电阻挡测量预充继电器的地线与车身搭铁是否正常。

（9）用万用表电压挡检测主接触器控制电源是否正常，并用万用表电阻挡测量主接触器控制地线与车身搭铁是否正常。

（10）用万用表电阻挡测试动力电池的 CAN-H 与 CAN-L 之间的电阻值是否正常，以及 CAN-H 和 CAN-L 对车身地电阻值是否正常（正常值无穷大）。

（11）用万用表电压挡检测动力电池的 CAN-H 对车身的电压是否在 2.5～3.5 V 之间；CAN-L 对车身电压是否在 1.5～2.5 V 之间。

（12）断开动力电池所有才接插件（高压、低压），使用数字绝缘电阻表或兆欧表检测动力电池是否存在严重漏电情况。

（13）戴好绝缘手套，使用万用表电压挡测量高压电控总成内的主接触器或高压配电箱内的主接触器末端与高压母线负极之间的电压是否正常（正常情况下主接触器前端电压与高压母线负极的电压跟主接触器末端电压与高压母线负极的电压值是一样的）。

（14）用万用表电阻挡测试高压系统中的高压互锁回路是否断路。

学习任务

1. 信息（创设情境，提供资讯）

一台比亚迪 e5 电动汽车，车辆无法上 OK 电，仪表报动力系统故障（图 5-21）。

诊断：电动汽车无法上高压电，原因比较多，应该优先使用解码器对系统进行扫描，或根据仪表屏幕的提示进行分析，获取更多的故障信息，尽快定位到故障系统，再结合电路图分析故障的具体原因。

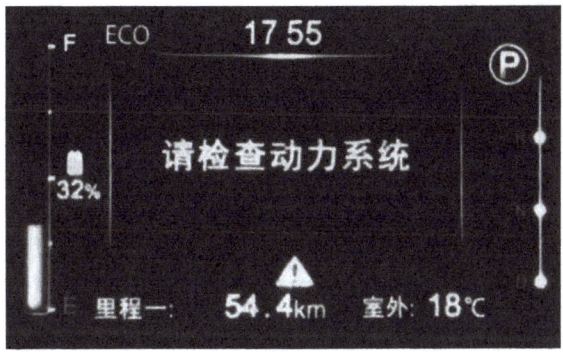

图 5-21　比亚迪 e5 仪表显示故障

独立工作，搜集整车高压系统相关信息，完成以下任务。

（1）请查阅资料，阐述故障解码器的使用方法和故障代码的解析方法。

（2）请查阅资料，阐述高压互锁线路和整车控制器中针脚的位置，并提出检修方法。

（3）请查阅资料，学习 BMC、整车控制器、电机控制器等电源供电线路图，并提出检修方案。

（4）请查阅资料，阐述 CAN 总线系统的控制器及其线路的故障检修方法。

（5）请分析此任务需要使用哪些工具进行检测。

2. 计划（分析任务，制订计划）

个人/小组工作，根据整车高压系统故障检修任务要求完成下列任务。

（1）请根据整车高压系统电气原理图，拟定测试项目及说明表。

序号	测试项目	实际测试值	参考值	是否合格

（2）请根据整车高压系统检修任务要求及电气原理图，拟定检修步骤。

（3）请根据实训中心现场情况，列出整车高压上电系统检修过程所需工具及材料清单。

序号	名称	符号	型号	数量	规格
1					
2					
3					
4					
5					
6					
7					
8					

3. 决策（集思广益，做出决定）

个人/小组工作，根据整车高压系统检修任务要求及电气控制原理图完成以下任务。

（1）请参照相关技术文件，绘制各测量项目检测流程图。

（2）请参考工作计划模板，制订整车高压系统检修任务小组工作计划，确认成员分工及计划时间，并记录工作要点。

序号	工作计划	职责	人员	计划工时	备注
1					
2					
3					
4					
5					
6					
7					
8					

4. 实施（分工合作，沟通交流）

（1）小组工作，按工作计划实施整车高压系统检修任务。

序号	行动步骤	实施人员	实际用时	计划工时
1				
2				
3				
4				
5				
6				
7				
8				

（2）独立工作，选用万用表合适量程对整车高压系统进行检查，并记录检查关键点和结果。

步骤	检查关键点	测量方式	结果处理
1			
2			
3			
4			
5			
6			
7			

5. 控制（查漏补缺，质量检测）

（1）个人/小组工作，明确检测要素及整改措施。

序号	检测要素	技术标准	是否完成	整改措施

（2）小组工作，检查各小组的工作实施情况。

检查项目	检查结果			需完善点	其他
	个人检查	小组检查	教师检查		
工时执行					
5S 执行					
质量成果					
学习投入					
获取知识					
技能水平					
安全、环保					
设备使用					
突发事件					

6. 评价（总结过程，任务评估）

（1）小组工作：向其他同学介绍自己的总结，描述收获、问题和改进措施。

- 收获

- 问题

- 改进措施

- 他人意见

（2）请小组之间按照评分标准进行工作过程自评和互评。

班级		被评组名		日期			
指标	评价要素				分数	自评	互评
信息检索	是否能有效利用网络资源、工作手册查找有效信息				5		
	是否能有条理地去解释、表述、应用整车高压系统知识				10		
感知工作	成员是否能熟悉自己的工作岗位，认同工作价值				5		
	成员在工作中是否获得满足感				5		
参与状态	成员与教师、同学之间是否相互尊重、理解、平等、有效沟通				15		
	成员是否能独立思考、倾听、协作分享				10		
学习方法	工作计划、操作技能是否符合规范要求				10		
	成员是否获得了进一步发展的能力				5		
工作过程	是否遵守管理规程，上课出勤和任务完成情况				10		
思维状态	是否能发现问题、分析问题、解决问题				15		
自评反馈	是否能严肃认真地对待自评，并能独立完成自测题				10		
	总分				100		
简要评述							

（3）请教师按照评分标准对各小组进行任务工作过程总评。

班级			组名		姓名		出勤	
	指标		评价要素		分数	评价标准		师评
一	信息	口头或书面梳理任务要点	1. 仪态自然、吐字清晰		15	仪态不自然、含糊扣 5 分		
			2. 工作页表述准确，思路清晰，层次分明			工作页表述不准确、不清晰扣 5 分		
二	计划	制订工作计划并准备工具	1. 整车高压系统检修计划切实可行		15	工作计划不可行扣 5 分		
			2. 制订计划及工具清单列举合理			计划及清单不合理扣 5 分		
	决策	列出检修流程图及具体检修计划	1. 流程图逻辑清晰 2. 制订合理的检修计划		20	每 1 处计划不合理扣 2 分		

续表

班级		组名		姓名		出勤	
指标		评价要素	分数	评价标准			师评
三	实施	检修准备	1. 工具、电路图、辅材准备	2	每漏1项扣1分		
		检测操作	2. 正确选择工具、相关电路图及辅材	3	每选择错误1项扣1分		
			3. 正确实施计划无失误（依据评分表）	15	与计划不符合视情况扣1分		
		现场	4. 在工作过程中保持5S，设备、工具、电路图摆放整齐，工作现场恢复整理	10	每出现1项情况扣1分		
四	控制	检查工作质量	正确检查工作流程、具体检测部件、线路	10	自我正确检查工作步骤并分析，每错1项扣1分		
五	评价	工作过程评价	1. 自评	5			
			2. 互评	5			
合计				100			

复习提高

一、填空题

1. 比亚迪 e5 的电池管理系统位于高压电控后部，由_____、_____、_____组成。

2. 用万用表电压挡检测动力电池的 CAN-H 对车身的电压是否在_____到_____之间，CAN-L 对车身电压是否在_____到_____之间。

二、判断题

1.（　　）用万用表电压挡测试高压系统中的高压互锁回路是否断路。

2.（　　）根据"代码优先"的诊断原则，检修整车高压系统时应先连接专用解码器扫描整车是否有故障。

3.（　　）应该使用万用表蜂鸣挡检测主接触器控制电源是否正常。

学习模块 6
充电系统的结构与检修

基础知识　充电及供电系统的认知

学习目标

知识目标：
1. 熟悉电动汽车充电方式的种类。
2. 掌握电动汽车各种充电方式的功能。
3. 掌握电动汽车各种充电系统的作用和原理。

能力目标：
1. 能够了解电动汽车各种充电方式的特点。
2. 能够根据场景选择合适的充电方式。

素养目标：
1. 提升逻辑思维能力。
2. 树立安全第一意识。
3. 通过课后总结不同车型的充电系统差别，提高知识迁移能力。

学习模块 6　微课视频

知识导航

车载充电装置（图 6-1）是指安装在电动汽车上的、采用地面交流电网或车载电源对电池组进行充电的装置，包括车载充电机、车载充电发电机组和运行能量回收充电装置，它将一根带插头的交流动力电缆线直接插到电动汽车的插座中给电动汽车充电。车载充电装置通常使用结构简单、控制方便的接触式充电器，也可以是感应充电器。它完全按照车载动力电池的种类进行设计，针对性较强。

非车载充电装置，即地面充电装置，主要包括直流充电桩、专用充电机、通用充电机、公共场所用充电站（图 6-2）等，它满足各种充电池的各种充电方式。通常非车载充电装置的功率、体积和质量均比较大，以便适应各种充电方式。

图 6-1 车载充电机

图 6-2 公共场所用充电站

非车载充电装置种类繁多,以直流充电桩为例进行讲述。具有保障电动汽车动力电池安全、自动充满电的能力。非车载充电装置依据电池管理系统提供的数据,动态调节充电电流或电压参数,执行相应的动作,完成充电过程。非车载充电装置具备使高速 CAN 网络与 BMS 通信的功能,可判断电池连接状态是否正确,并可获得电池系统参数及充电前和充电过程中整组和单体电池的实时数据。另外,可通过高速 CAN 网络与车辆监控系统通信,上传非车载充电装置的工作状态、工作参数和故障警告信息,接收启动或停止充电控制命令。

便携式充电器(图 6-3),使用随车附带的便携充电线连接到普通家用插座上进行充电,这是一种非常方便的充电方式,只要能找到普通家用 220 V 插座就可以充电,但是充电速度比较慢。通常新能源汽车的便携充电插头为 16 A,有的车型会配备 10 A 的转换接头。

更换电池充电方式集成了常规充电模式和快速充电模式的优点。更换电池的充电模式最大的限制是各大厂商需要统一电池规格、大小等标准,并且无法保证每块电池的性能一致,从而制约其发展。还有一个更重要的原因是,该市场被国家电网所垄断,没有竞争对手,导致更换电池充电方式得不到应有的发展。如图 6-4 所示为某品牌汽车换电站(更换电池站)。

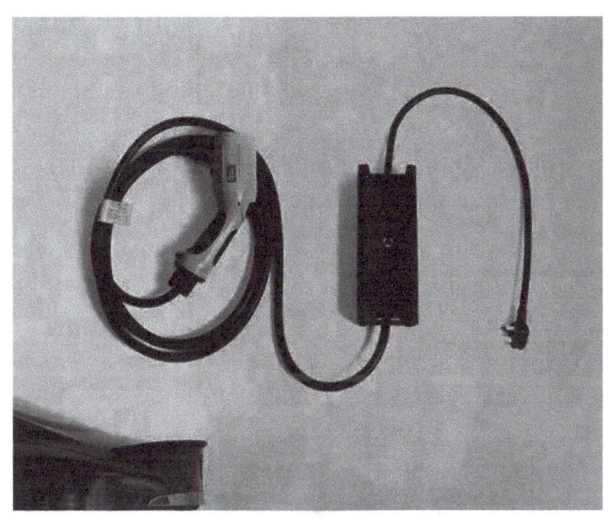

图 6-3　便携式充电器

图 6-4　换电站

　　无线充电方式无须通过电缆来传递能量,如图 6-5 所示,它采用电磁感应、电场耦合、磁共振和无线电波等方式进行能量的传递。采用无线充电模式,需要在车上安装车载感应充电机。车辆的受电部分与供电部分没有机械连接,但需要受电体与供电体对接较为准确。

　　受限于技术成熟度和基础设备,无线充电方式暂时还无法大批量应用。业内主流的无线充电技术主要采用电磁感应和磁共振方式传递电能。磁共振方式充电效率更高,且电磁辐射强度更低,甚至比手机通话时强度还要小,更重要的是,送电线圈与受电线圈无须非常对齐,这一点是电磁感应所不及的。

　　无线充电方式未来的应用前景广阔,可能实现边走边充电,电能可能来自路面铺装的供电系统,或者来自汽车上接收的电磁波能量。

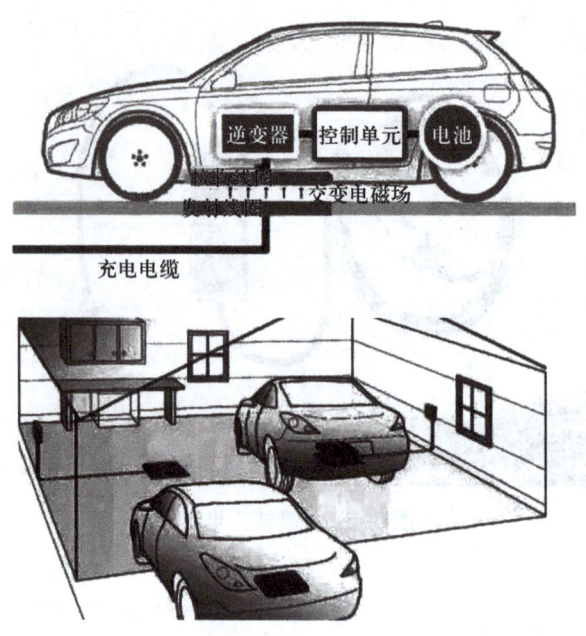

图 6-5　无线充电方式

复习提高

一、填空题

1. 车载充电装置是指安装在电动汽车上的、采用地面交流电网或车载电源对电池组进行充电的装置，包括_____、_____和_____。

2. 电动汽车充电方式有_____、_____、_____、_____等。

二、判断题

1.（　　）车载充电装置将一根带插头的交流动力电缆线直接插到电动汽车的插座中给电动汽车充电。

2.（　　）便携式充电器使用随车附带的便携充电线连接到普通家用插座上进行充电，电压为 380 V。

3.（　　）无线充电方式需要通过电缆来传递能量。

学习情景 6.1　快充与慢充系统结构的原理与检修

学习目标

知识目标：
1. 熟悉快充系统的基本组成与原理。
2. 熟悉慢充系统的基本组成与原理。
3. 了解快充、慢充系统充电接口各端子的含义。

能力目标：
1. 能够正确使用电动汽车快充系统相关检修工具。
2. 能够在检修作业前做好高压安全防护，规范完成车辆高压断电操作。
3. 能够以小组合作的形式，完成快充系统的检修。

素养目标：
1. 提升逻辑思维能力。
2. 树立安全第一意识。
3. 提高知识迁移能力。
4. 能够考虑安全与环保因素，遵守工位 5S 与安全规范。

知识导航

1. 新能源汽车快充系统结构与原理

如图 6-6 所示为电动汽车快充电桩，电动汽车的快充把三相 380 V 的交流电在充电桩内转换为高压直流，然后直接给动力电池充电。这种模式下，半小时内可以把电池充到

图 6-6　电动汽车快充桩

80%电池电量的状态。

电动汽车快充系统的组成如图6-7所示,主要由直流快充桩、快充接口、高压控制盒、动力电池、整车控制器、动力电池高压线束等组成。通信使用CAN总线方式,整车控制器电池管理系统是主要的通信单元,可检测各部件的状况。

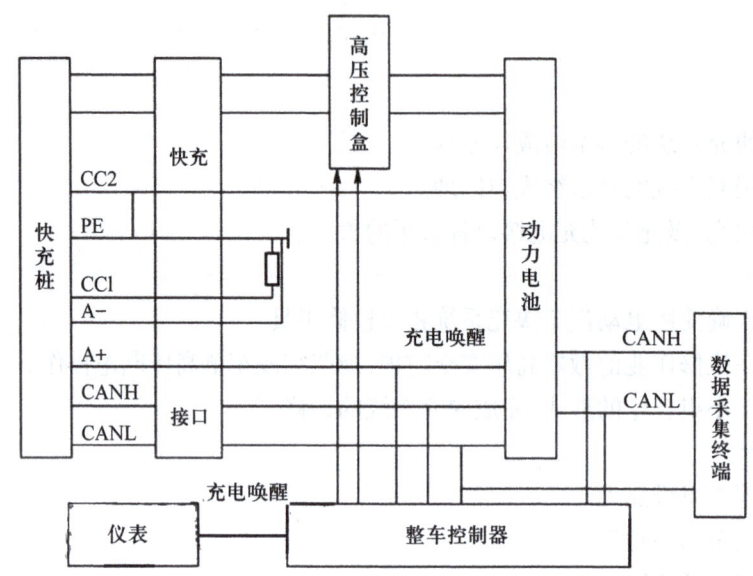

图6-7 电动汽车快充系统的组成

高压控制盒的主要作用是把输送进来的高压直流电分配给动力电池,其内部有PTC控制版、DC/DC熔断器和快充继电器等,对用电设备起到保护和断电作用。而整车控制器是该系统的主要控制模块,主要用于判断充电接口的连接是否正确和控制内部充电电路和部件。

电动汽车的充电控制策略通常为预充→恒流→涓流(恒压)→结束。预充过程不是每次充电时都有,当电池单体电压低于2.7 V时,如果直接进入恒流充电模式会损害电池,此时预充模式自动开启,电压升高至一定值以后转为恒流充电模式。恒流充电是指以恒定的电流充电至70%~80%电池电量,此时电压达到最高限制电压,然后转为涓流充电模式。涓流充电是以30%的时间充入10%的电量,之后充电过程结束,如图6-8所示。

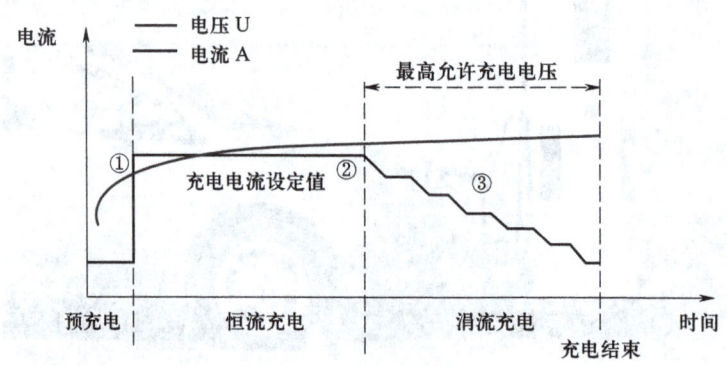

图6-8 充电控制策略

对于快充接口来说，现在的直流接口使用的是九针设计，充电口针脚定义如图6-9所示，其中S+是充电通信CAN-H，S-是充电通信CAN-L，CC1和CC2是充电电路连接确认信号，DC+是直流电源正极，DC-是直流电源负极，PE是车身地（搭铁），A+是低压辅助电源正极，A-是低压辅助电源负极。需要注意的是，这个标准适用于我国车企，不一定适用于一些外国品牌，也就是说，外国的车型可能无法使用国内的充电桩进行充电。

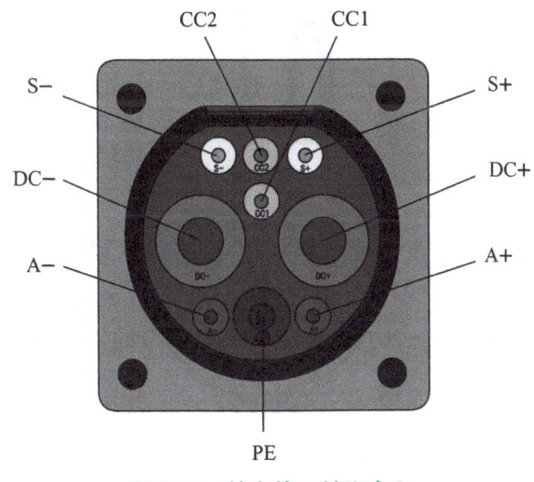

图6-9 快充接口针脚定义

2. 交流慢充系统的结构与原理

电动汽车慢充系统通常使用普通的交流220 V单相民用电，居民也可以向国家电网申请使用380 V三相交流电，通过车载充电机将交流电变换为高压直流电，从而给动力电池充电。

如图6-10所示，电动汽车慢充系统涉及六个模块，分别是交流充电桩或充电宝等供电设备、充电箱慢充接口、车载充电机、高压控制盒、动力电池以及整车控制器。以上六个模块，通过CAN总线通信协调进行慢充充电。慢充电桩有立柱式、壁挂式等类型。交流220 V供电条件下，常见有2.2 kW、3.3 kW、6.6 kW等额定功率类型；三相交流380 V供电条件下，有22.4 kW等额定功率类型，如图6-11所示。按照国家标准，充电桩内部设置有漏电保护、防雷保护、电量计算等功能。

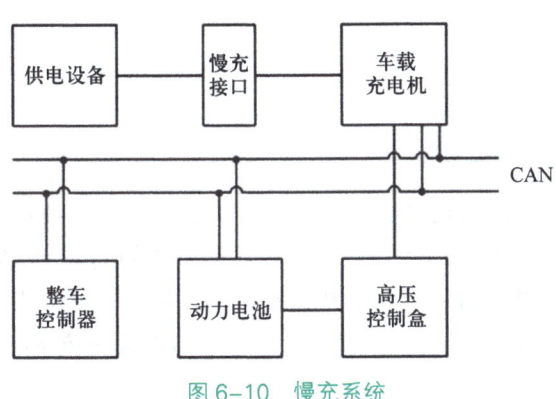

图6-10 慢充系统

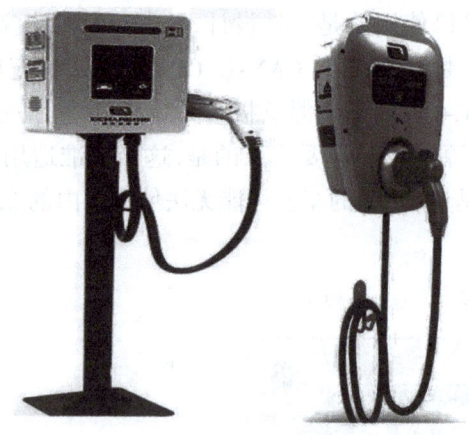

2.2 kW(AC 220 V, 10 A)
3.3 kW(AC 220 V, 16 A)
6.6 kW(AC 220 V, 32 A)
22.4 kW(AC 380 V, 63 A)

图 6-11 慢充电桩

世界不同国家和地区对于充电接口都有不同的标准,目前以美国、欧洲、中国三大充电接口标准为主要标准。中国的国家标准《电动汽车传导充电用连接装置 第 2 部分:交流充电接口》(GB/T 20234.2—2015)规定了慢充接口的标准,慢充接口采用七针设计,如图 6-12 所示。

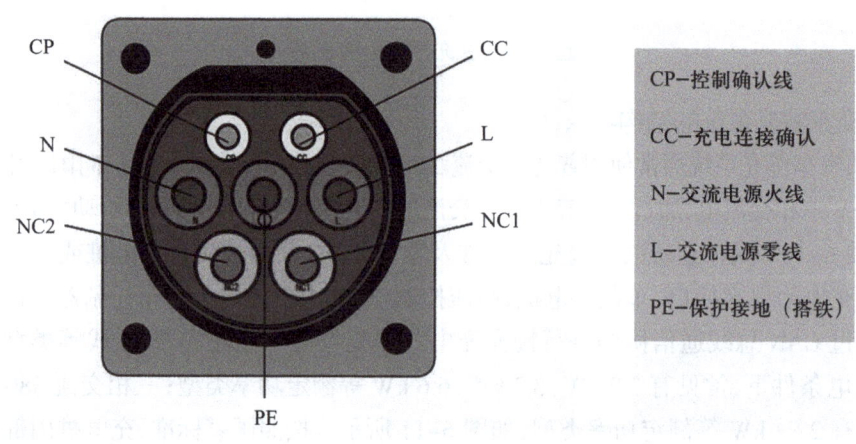

CP-控制确认线
CC-充电连接确认
N-交流电源火线
L-交流电源零线
PE-保护接地(搭铁)

图 6-12 慢充接口

学习任务

1. 信息(创设情境,提供资讯)

一台比亚迪 e5,插入慢充充电枪之后不能正常充电,如图 6-13 所示,请排除故障。

诊断:首先确认是充电枪的问题还是车载慢充系统的问题,先检查充电枪电闸是否关闭,电源是否正常,充电枪能否正常开机启动。如果充电枪正常,则是慢充系统问题,先使用故障诊断仪进行扫描,看是否有故障码,再依次检查低压控制问题与高压线路问题,检查更换车载充电机。

图 6-13　比亚迪 e5 慢充充电

独立工作,搜集电动汽车慢充系统相关信息,完成以下任务。

（1）请查阅资料,阐述慢充电桩的结构和工作原理。

（2）请查阅资料,阐述 CC、CP、PE、L、N 线的含义及检修方法。

（3）请查阅资料,阐述电动汽车充电控制策略。

（4）请分析此任务需要使用哪些工具进行检测。

（5）请写出此次检测中,慢充系统测试项目的对照标准值。

2. 计划（分析任务,制订计划）

个人/小组工作,根据慢充系统故障检测任务要求完成下列任务。

（1）请根据慢充系统电气原理图，拟定测试项目及说明表。

序号	测试参数	实际测试值	参考值	是否合格

（2）请根据慢充系统故障检测任务要求及电气原理图，拟定检测步骤。

（3）请根据实训中心现场情况，列出慢充系统检测操作所需工具及材料清单。

序号	名称	符号	型号	数量	规格
1					
2					
3					
4					
5					
6					

3. 决策（集思广益，做出决定）

个人 / 小组工作，根据慢充系统故障检测及电气原理图完成以下任务。

（1）请参照相关技术文件，绘制各测试项目测试流程图。

（2）请参考工作计划模板，制订慢充系统故障检测任务小组工作计划，确认成员分工及计划时间，并记录工作要点。

序号	工作计划	职责	人员	计划工时	备注
1					
2					
3					

续表

序号	工作计划	职责	人员	计划工时	备注
4					
5					
6					
7					
8					

4. 实施（分工合作，沟通交流）

（1）小组工作，按工作计划实施慢充系统故障检测任务。

序号	行动步骤	实施人员	实际用时	计划工时
1				
2				
3				
4				
5				
6				

（2）独立工作，选用万用表合适量程对慢充系统进行检查，并记录检查关键点和结果。

步骤	检查关键点	测量方式	结果处理
1			
2			
3			
4			

5. 控制（查漏补缺，质量检测）

（1）个人/小组工作，明确检测要素及整改措施。

序号	检测要素	技术标准	是否完成	整改措施

学习模块 6　充电系统的结构与检修

（2）小组工作,检查各小组的工作实施情况。

检查项目	检查结果			需完善点	其他
	个人检查	小组检查	教师检查		
工时执行					
5S执行					
质量成果					
学习投入					
获取知识					
技能水平					
安全、环保					
设备使用					
突发事件					

6. 评价（总结过程,任务评估）

（1）小组工作:向其他同学介绍自己的总结,描述收获、问题和改进措施。

- 收获

- 问题

- 改进措施

- 别人给自己的意见

（2）请小组之间按照评分标准进行工作过程自评和互评。

班级		被评组名		日期		
指标	评价要素				分数	自评	互评
信息检索	是否能有效利用网络资源、工作手册查找有效信息				5		
	是否能有条理地解释、表述、应用电动汽车充电系统知识				10		
感知工作	成员是否能熟悉自己的工作岗位,认同工作价值				5		
	成员在工作中是否获得满足感				5		

续表

班级		被评组名		日期		
指标		评价要素		分数	自评	互评
参与状态		成员与教师、同学之间是否相互尊重、理解、平等、有效沟通		15		
		成员是否能独立思考、倾听、协作分享		10		
学习方法		工作计划、操作技能是否符合规范要求		10		
		成员是否获得了进一步发展的能力		5		
工作过程		是否遵守管理规程,上课出勤和任务完成情况		10		
思维状态		是否能发现问题、分析问题、解决问题		15		
自评反馈		是否能严肃认真地对待自评,并能独立完成自测题		10		
总分				100		
简要评述						

（3）请教师按照评分标准对各小组进行任务工作过程总评。

班级			组名		姓名		出勤		
	指标		评价要素		分数		评价标准		师评
一	信息	口头或书面梳理任务要点	1. 仪态自然、吐字清晰		15		仪态不自然、含糊扣5分		
			2. 工作页表述准确,思路清晰、层次分明				工作页表述不准确、不清晰扣5分		
二	计划	制订工作计划并准备工具	1. 慢充系统故障检测计划切实可行		15		计划不可行扣5分		
			2. 制订计划及工具清单列举合理				计划及清单不合理扣5分		
	决策	列出检测流程图及具体检测计划	1. 流程图逻辑清晰 2. 制订合理的检测计划		20		每1处计划不合理扣2分		
三	实施	检修准备	1. 工具、电路图、辅材准备		2		每漏1项扣1分		
		检测操作	2. 正确选择工具、相关电路图及辅材		3		每选择错误1项扣1分		
			3. 正确实施计划无失误（依据评分表）		15		与计划不符合视情况扣1分		
		现场	4. 在工作过程中保持5S,设备、工具、电路图摆放整齐,工作现场恢复整理		10		每出现1项情况扣1分		
四	控制	检查工作质量	正确检查工作流程、具体检测部件、线路		10		自我正确检查工作步骤并分析,每错1项扣1分		

续表

班级		组名		姓名		出勤	
指标		评价要素		分数	评价标准		师评
五	评价	工作过程评价	1. 自评	5			
			2. 互评	5			
		合计		100			

复习提高

一、填空题

1. 快充接口针脚中 S+ 是充电通信_____，S– 是充电通信_____，CC1 和 CC2 是_____，PE 是_____。
2. 电动汽车的充电控制策略通常为_____→_____→_____→_____。
3. 慢充接口中，CC 是_____，CP 是_____PE 是_____。
4. 慢充使用普通的交流_____单相民用电，也可以向国家电网申请使用_____三相交流电。

二、判断题

1. (　　) 对于充电接口，目前世界不同国家和地区的标准完全一样。
2. (　　) 慢充系统在三相交流 380 V 供电条件下，有 22.4 kW 等额定功率。
3. (　　) 交流 220 V 供电条件下，常见有 2.2 kW、3.3 kW、6.6 kW 等额定功率类型。
4. (　　) 电动汽车的快充是把三相 380 V 的交流电在充电桩内转换为高压直流。
5. (　　) 快充接口的 DC+ 针脚是直流电源正极，DC– 针脚是直流电源正极。

学习情景 6.2　电动汽车的充电操作

学习目标

知识目标：
1. 了解充电操作的流程。
2. 掌握充电操作的注意事项。

能力目标：
1. 能够正确使用电动汽车充电操作相关工具。
2. 能够在作业前做好高压安全防护。

3. 能够以小组合作的形式，完成电动汽车充电操作。

素养目标：

1. 提升逻辑思维能力。
2. 通过实践操作，树立安全第一意识。
3. 通过课后学习不同车型的充电操作流程，提高学生的知识迁移能力。
4. 能够考虑安全与环保因素，遵守工位 5S 与安全规范。

知识导航

现在大部分车型都会在车前或车后侧面位置设置快充接口，向下按压并松开快充充电口盖，充电口盖将自动弹开，如图 6-14 所示。按下锁止开关，快速充电口防尘罩会自动弹开。

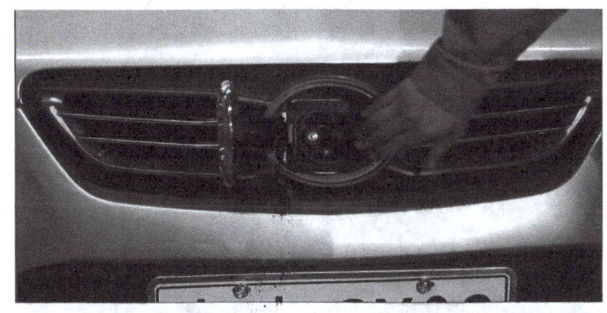

图 6-14　打开快充接口

以慢充充电为例，演示充电流程：关闭车辆电源，打开车辆充电口，按下充电枪头限位夹，将充电枪从桩体拔出，取下充电电缆至合适长度，将充电枪插入充电口内，确保可靠连接。此时，仪表板插枪指示灯应点亮，如图 6-15 所示。

图 6-15　慢充充电

如图 6-16 所示，刷卡完成用户验证。充电桩可以选择三种不同的充电收费方式进行充电：按充电金额充电、按充电度数充电、按充电时间充电，完成选择后，确认已启动充电。此时，车内组合仪表显示充电进度信息，如图 6-17 所示。充电结束后，刷卡结算，按下充电枪头限位夹拔下充电枪，收回线缆，将充电枪头放回原处，关闭充电口。

图 6-16　刷卡操作

图 6-17　充电状态

充电费一般由基本电费和服务费组成的，不同地区有不同的电价政策和优惠措施。使用国家电网充电桩充电时，会有"峰、谷、平"三个价位，所以选择合适的充电时间能有效提升充电经济性。充电桩所有者不同，收费也有所差异，现在多数充电桩都可以利用手机 APP 扫码实现结算，免去了使用不同公司电桩需要购买多张充电卡的麻烦。

充电时应注意观察充电指示灯，如图 6-18 所示。同时还要特别注意以下事项：

（1）当出现危险状况时，按下红色急停按钮，迅速切断电源。

（2）充电过程中严禁插拔充电插头。

（3）严禁触碰高压部分，特别是充电插头端子。

（4）车辆进入充电状态后，组合仪表的行车电脑显示屏自动点亮，显示当前充电信息。10 s 后屏幕熄灭，若需要再次查看充电信息，可通过以下两种方式点亮正处于充电状

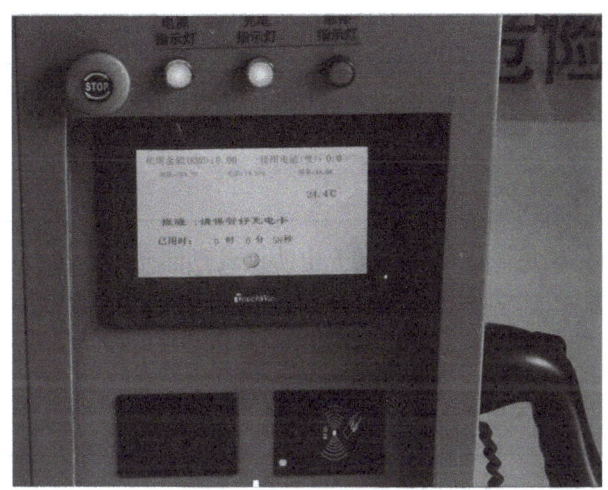

图 6-18 充电指示灯

态的车辆组合仪表:第一种,通过按下启动按钮再次点亮显示充电信息,10 s 后熄灭;第二种,按下遥控器的闭锁键,远程操控,点亮,10 s 后自动熄灭。

(5)纯电动汽车一般会随车赠送一个便携式充电器,如图 6-19 所示。便携式充电器利用交流 220 V 电源进行慢充,充电功率一般有 1 000 W 和 2 000 W,部分车主不注意线路接地,这时便携式充电器会亮起红灯。便携式充电器充电应使用 220 V、16A 的专用交流电路和电源插座,不允许使用外接转换接头、插线板等,应确保 16A 电源插座接地良好。如果不能满足功率要求,很容易引发火灾,导致严重的后果。

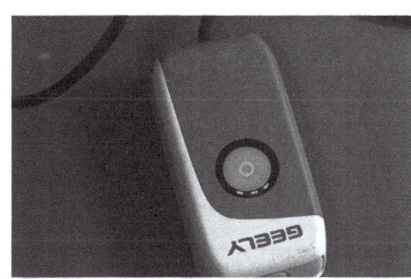

图 6-19 便携式充电器

学习任务

1. 信息(创设情境,提供资讯)

一台特斯拉纯电动汽车的电量仅剩下不足 5%,长时间处于低电量状态将对电池产生损害,请对该车辆补充电能。

诊断:电动汽车充电的方式有很多种,有慢充、快充、便携式充、更换电池、无线充电等多种方式,选择该车辆适用的充电方式。

独立工作,搜集充电操作相关信息,完成以下任务。

(1)请查阅资料,阐述该车型充电接口的类型和充电方式。

（2）请查阅资料，阐述此车型充电接口的安装位置，并在实车或台架上找到实物。

（3）请查阅资料，阐述该车型支持的充电协议及具体充电操作流程。

（4）请分析此任务中需要使用哪些辅助工具。

（5）请查阅资料，阐述充电过程中常见故障及其处理方法。

（6）请查阅资料，绘制充电接口电气原理图，含针脚定义。

2. 计划（分析任务，制订计划）

个人/小组工作，根据充电操作任务要求完成下列任务。

（1）请根据充电系统电气原理图，填写各充电方式的特性。

序号	充电方式	充电时间	电力负荷	环境条件

（2）请根据充电任务要求及各充电方式特性，制订充电实施步骤。

（3）请根据实训中心现场情况，列出充电操作所需设备及材料清单。

序号	名称	符号	型号	数量	规格
1					
2					
3					
4					
5					
6					

3. 决策（集思广益，做出决定）

个人 / 小组工作，根据充电操作任务要求完成任务。

（1）请根据给出的任务场景，分析现场环境与设备，讨论最优充电方式。

（2）请参考工作计划模板，制订充电操作任务项目小组工作计划，确认成员分工及计划时间，并记录工作要点。

序号	工作计划	职责	人员	计划工时	备注
1					
2					
3					
4					
5					
6					

学习模块 6　充电系统的结构与检修

4. 实施（分工合作，沟通交流）

（1）小组工作，按工作计划实施充电操作。

序号	行动步骤	实施人员	实际用时	计划工时
1				
2				
3				
4				
5				
6				

（2）独立工作，在充电过程中，检查车辆仪表数据、充电设施仪表数据、手机端车辆及充电设施 APP 数据，并记录检查关键点和结果。

步骤	检查关键点	测量方式	结果处理
1			
2			
3			
4			
5			
6			

5. 控制（查漏补缺，质量检测）

（1）个人 / 小组工作，明确检测要素及整改措施。

序号	检测要素	技术标准	是否完成	整改措施

（2）小组工作，检查各小组的工作实施情况。

检查项目	检查结果			需完善点	其他
	个人检查	小组检查	教师检查		
工时执行					
5S 执行					
质量成果					
学习投入					
获取知识					
技能水平					
安全、环保					
设备使用					
突发事件					

6. 评价（总结过程，任务评估）

（1）小组工作：向其他同学介绍自己的总结，描述收获、问题和改进措施。

- 收获

- 问题

- 改进措施

- 别人给自己的意见

（2）请小组之间按照评分标准进行工作过程自评和互评。

班级		被评组名		日期			
指标		评价要素			分数	自评	互评
信息检索		是否能有效利用网络资源、工作手册查找有效信息			5		
		是否能有条理地去解释、表述、应用充电操作知识			10		
感知工作		成员是否能熟悉自己的工作岗位，认同工作价值			5		
		成员在工作中是否获得满足感			5		
参与状态		成员与教师、同学之间是否相互尊重、理解、平等、有效沟通			15		
		成员是否能独立思考、倾听、协作分享			10		
学习方法		工作计划、操作技能是否符合规范要求			10		
		成员是否获得了进一步发展的能力			5		
工作过程		是否遵守管理规程，上课出勤和任务完成情况			10		
思维状态		是否能发现问题、分析问题、解决问题			15		
自评反馈		是否能严肃认真地对待自评，并能独立完成自测试题			10		
		总分			100		
简要评述							

（3）请教师按照评分标准对各小组进行任务工作过程总评。

班级			组名		姓名		出勤	
	指标		评价要素		分数		评价标准	师评
一	信息	口头或书面梳理任务要点	1. 仪态自然、吐字清晰		15		仪态不自然、含糊扣5分	
			2. 工作页表述准确，思路清晰、层次分明				工作页表述不准确、不清晰扣5分	
二	计划决策	制订工作计划并准备工具	1. 充电操作计划切实可行		15		计划不可行扣5分	
			2. 制订计划及工具清单列举合理				计划及清单不合理扣5分	
		列出充电流程图及计划	1. 流程图逻辑清晰 2. 制订合理的工作计划		20		每1处计划不合理扣2分	
三	实施	检修准备	1. 工具、电路图、辅材准备		2		每漏1项扣1分	
		检测操作	2. 正确选择工具、相关电路图及辅材		3		每选择错误1项扣1分	
			3. 正确实施计划无失误（依据评分表）		15		与计划不符合视情况扣1分	
		现场	4. 在工作过程中保持5S，设备、工具、电路图摆放整齐，工作现场恢复整理		10		每出现1项情况扣1分	

续表

班级			组名		姓名		出勤	
指标			评价要素		分数	评价标准		师评
四	控制	检查工作质量	正确检查工作流程		10	自我正确检查工作步骤并分析,每错1项扣1分		
五	评价	工作过程评价	1. 自评		5			
			2. 互评		5			
合计					100			

复习提高

一、填空题

1. 充电桩可以选择三种不同的收费方式：_____、_____、_____。
2. 使用国家电网充电桩充电时,会有"_____、_____、_____"三个价位。

二、判断题

1. （　　）当出现危险状况时,按下红色急停按钮,迅速切断电源。
2. （　　）充电过程中可以任意拔下充电枪。
3. （　　）严禁触碰高压部分,特别是充电插头端子。

学习模块 7
辅助电气系统的结构与检修

基础知识　电动汽车空调控制系统与暖风系统的认知

学习目标

知识目标：
1. 能够说出空调与暖风系统的基本组成与原理。
2. 能够总结空调制冷系统的工作原理。
3. 能够描述空调 PTC 加热系统的工作原理。

能力目标：
1. 能够正确使用新能源空调与暖风系统相关检修工具。
2. 能够在检修作业前做好高压安全防护，规范完成车辆高压断电操作。
3. 能够以小组合作的形式，根据制订的流程进行空调与暖风系统的检修。

素养目标：
1. 通过制订诊断流程，提升学生的逻辑思维能力。
2. 通过实践操作，树立安全第一意识。
3. 通过课后比较不同车型的空调与暖风系统，提高学生的知识迁移能力。
4. 能够考虑安全与环保因素，遵守工位 5S 与安全规范。

学习模块 7　微课视频

知识导航

电动汽车空调系统具有制冷、采暖、除霜除雾以及通风换气的功能，如图 7-1 所示。

1. 空调控制系统

空调控制器是整个空调系统的核心部件，如图 7-2 所示，空调驱动器接收空调控制器的信息来控制空调压缩机制冷和 PTC 加热器。空调控制器接收来自各个传感器以及空调控制开关的信息，经过运算处理后向空调驱动器和其他执行部件发送指令，完成车内温度的调节工作。

图 7-1 空调系统示意图

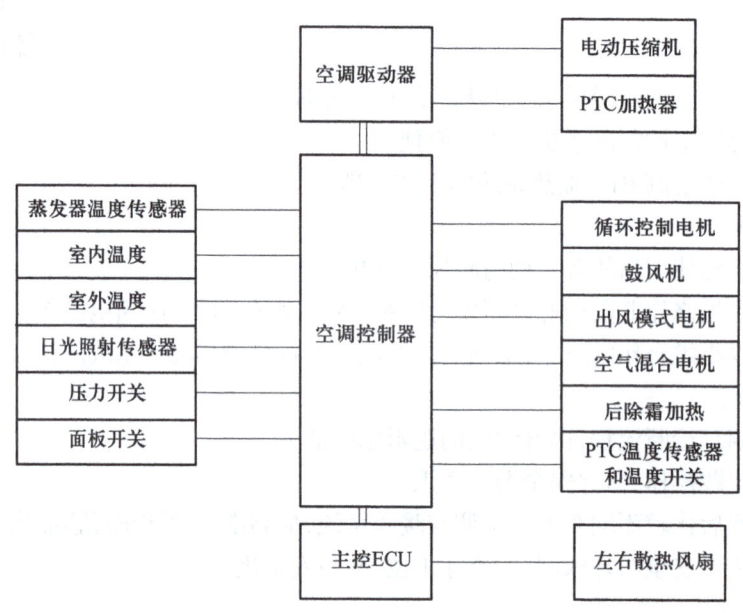

图 7-2 空调控制系统

如图 7-3 所示是比亚迪 e5 车辆空调制冷和制热过程,图中上部为制冷过程,该过程能够给车辆室内提供制冷效果,并且能够通过板式换热器给动力电池进行冷却,以防止动力电池工作过程中出现过热而导致故障。图中下半部分为制热过程,通过 PTC 作为发热源,将电池的电能转化为热能,通过暖风电动水泵,将热量带到暖风芯体,对车辆室内供暖。同时,制热系统在动力电池温度较低时,可以对电池进行加热,以使电池在合适的温度下工作,以提高能量转化效率或提高充电速度。

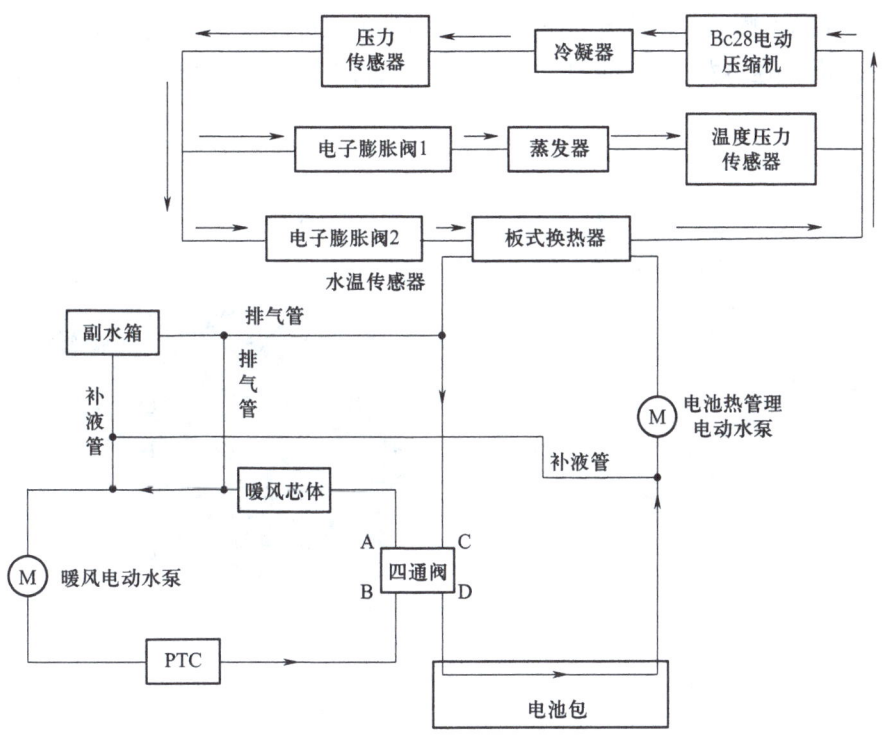

图 7-3　比亚迪 e5 空调控制过程

2. 空调制冷系统认知

新能源汽车的空调系统与传统空调系统最大的区别在于压缩机,如图 7-4 所示,压缩机不再靠发动机驱动,而是通过高压电池提供的电能驱动其运转。电动空调压缩机,其转速可以通过空调控制器进行调节,转速调节范围大致为 0～4000 转/min,即保证了良好的制冷效果,又节省了电能。

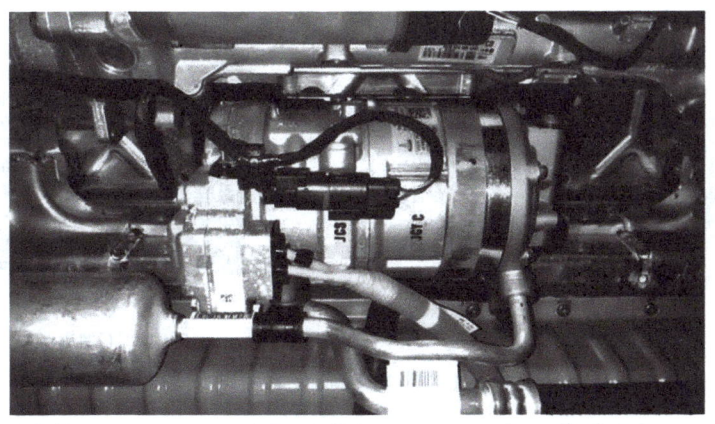

图 7-4　电动压缩机

如图 7-5 所示,是空调制冷系统组成,电动空调压缩机从蒸发器中抽出气态的制冷剂,然后将其以高压气态的形式压入冷凝器。高压气态的制冷剂经过冷凝器时释放热量转为液态,制冷剂流经膨胀阀在节流的作用下以雾状的形式进入蒸发箱,制冷剂在蒸发箱内吸收大量的热量迅速蒸发,转为低温低压的气态形式,再次被空调压缩机抽走,如此循环。

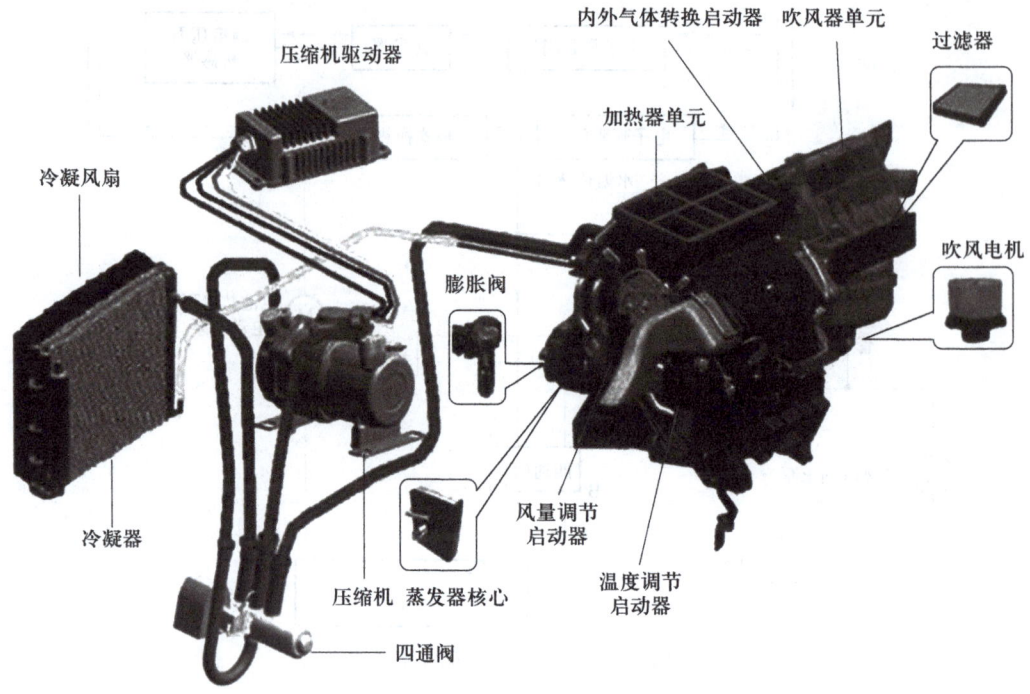

图 7-5　新能源汽车空调制冷系统组成

与此同时,蒸发箱附近被冷却后的空气通过鼓风机吹入车厢,达到给车厢内降温的目的。通过制冷液在整个空调系统中循环,完成内能与热能之间的转换。

3. 空调制热系统认知

电动汽车制热方式一般有热泵空调制热和 PTC 制热两种方式,如图 7-6 所示。

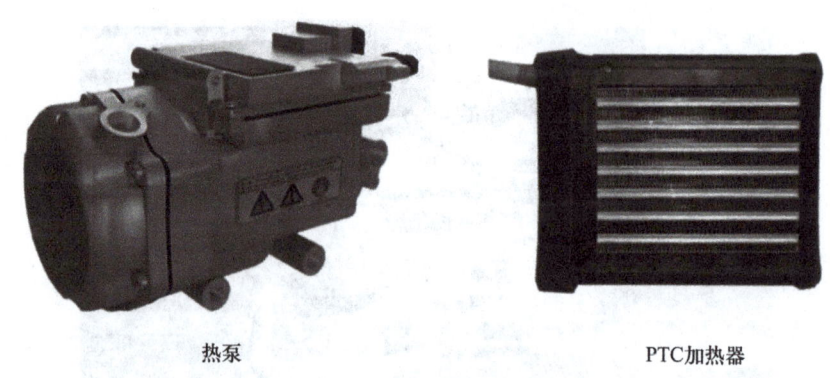

图 7-6　热泵空调和 PTC 制热

热泵空调是一种高效节能的空调设备,它利用热泵技术实现房间的制热或制冷功能。热泵空调的核心部件是压缩机和热交换器,通过吸收或排出空气中的热量来控制室内温度。高热效率:在制冷时,1kW 的电能可以产生 3~5kW 的热量,制热时可以产生 3~4kW 的热量。这远高于一般的空调器或电热器,可以大幅度降低能源消耗。热泵空调采用密闭循环系统,基本没有热量损失,能最大限度利用能量,使得其综合能效比达到3-5倍,节能效果显著。

汽车热泵空调的工作原理(图7-7)主要基于制冷剂在系统中的循环,包括压缩、冷凝、膨胀和蒸发四个过程。具体如下:

(1)压缩过程:压缩机将制冷剂压缩成高压气体,产生高温。

(2)冷凝过程:高温高压的制冷剂进入冷凝器,通过散热作用使制冷剂冷却,变成高压液态,从而在末端达到制热效果。

(3)膨胀过程:高压液态的制冷剂进入膨胀阀,在这里,由于管道截面积的急剧变化,制冷剂流速降低,开始产生汽化过程,变成低温、低压的制冷剂液体。

(4)蒸发过程:低温、低压的制冷剂液体进入蒸发器,通过汽化过程释放热量,吸收室内空气的热量。

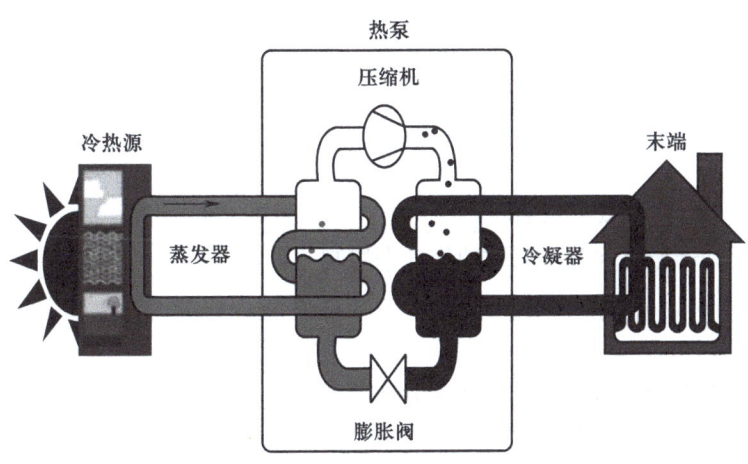

图7-7　热泵空调工作原理图

如图7-8所示,是PTC加热器,PTC加热器采用热敏电阻作为发热源,类似家用烧水的热得快,一般直接依靠动力电池直接供给高压电。当PTC加热器接通电源后,便会持续发热,车内实现升温。由于PTC电阻加热原理相对更加简单稳定,所以目前大多数电动汽车上采用PTC加热器进行空调制热。

如图7-9所示,是一种PTC制热系统。如图7-10所示时PTC水加热器,它是通过加热冷却液的方式完成车辆制热功能。PTC水加热器先利用水泵将储液壶里面的冷却液泵入PTC水加热器内,然后由PTC对其进行加热,加热后的冷却液流经暖风水箱使周围的空气温度上升,通过鼓风机将热量输送至空调出风口,以此提高车内温度,最后冷却液再流回储液壶,如此循环。

图7-8　PTC加热器

学习模块7　辅助电气系统的结构与检修

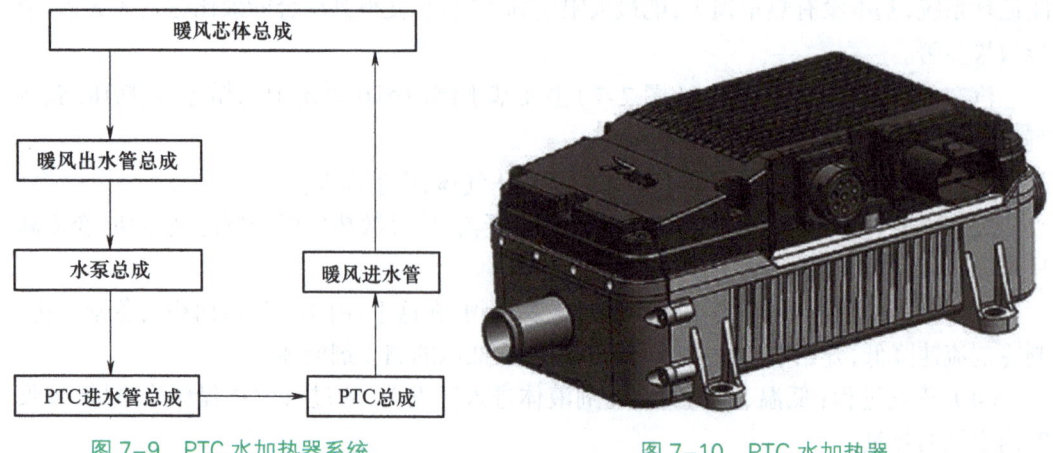

图 7-9　PTC 水加热器系统　　　　图 7-10　PTC 水加热器

复习提高

一、填空题

1. 电动汽车制热方式一般有＿＿＿＿、＿＿＿＿等。
2. 空调驱动器接收空调控制器的信息来控制＿＿＿＿、＿＿＿＿。

二、判断题

1.（　　）PTC 加热器采用热敏电阻作为发热源。
2.（　　）PTC 制热比热泵空调更加节能。
3.（　　）空调控制器接收来自各个传感器以及空调控制开关的信息，经过运算处理后向空调驱动器和其他执行部件发送指令，完成车内温度的调节工作。

学习情景　电动汽车制冷与制热系统的原理与检修

学习目标

知识目标：
1. 能够说出电动汽车制冷系统的基本组成与原理。
2. 能够总结电动汽车制热系统的基本组成与原理。
3. 能够描述电动汽车空调制冷与制热系统故障原理并排除。

能力目标：
1. 能够正确使用新能源电动汽车制冷与制热系统相关检修工具。
2. 能够在检修作业前做好高压安全防护，规范完成车辆高压断电操作。

3. 能够以小组合作的形式,根据制订的流程进行电动汽车制冷系统的检修。

素养目标:

1. 通过制订诊断流程,提升学生的逻辑思维能力。
2. 通过实践操作,树立安全第一意识。
3. 通过课后制作不同车型的制冷与制热系统原理,提高学生的知识迁移能力。
4. 能够考虑安全与环保因素,遵守工位 5S 与安全规范。

知识导航

1. 电动汽车制冷系统结构与原理

电动汽车制冷系统通常适用于夏天为车厢内降低温度使用,使车内保持舒适的温度环境,是汽车空调系统重要的作用之一,如图 7-11 所示,汽车的空调系统是可以为车厢内进行制冷制热换气和空气净化的装置。汽车的空调系统可以为车内乘客提供舒适的乘车环境,降低驾驶员的驾驶疲劳,提高汽车的行驶安全,所以汽车空调系统已经成为衡量汽车功能是否齐全的标志。

图 7-11　电动汽车空调

电动汽车制冷系统构造:纯电动汽车制冷系统主要由冷凝器、蒸发器、膨胀阀、储液干燥器、空调压缩机等组成,如图 7-12 所示。

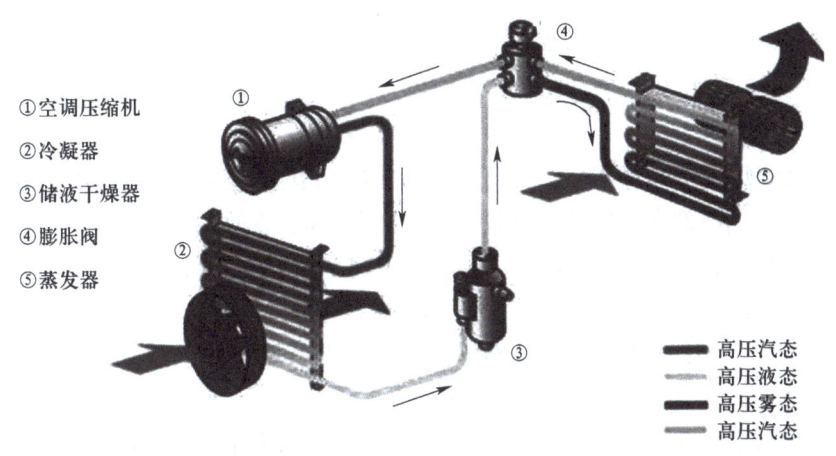

图 7-12　空调制冷系统

1）空调压缩机

电动汽车空调压缩机采用高压电力驱动,通过旋转压缩和输送制冷剂,把来自蒸发器的低温低压制冷剂蒸汽吸入气缸,压缩形成高温高压蒸汽并排入冷凝器,它是整个空调系统的"心脏",如图7-13所示。

2）冷凝器

如图7-14所示,空调冷凝器把来自压缩机的高温高压气体通过管壁和翅片将其中的热量传递给冷凝器周围的空气,从而使高温、高压的气态制冷剂冷凝成中温、高压的液体。

图7-13　电动汽车空调压缩机

图7-14　汽车空调冷凝器

3）蒸发器

如图7-15所示,空调蒸发器将经过节流降压后的液态/气态混合物制冷剂在蒸发器内沸腾汽化,吸收蒸发器表面周围的热量而降低温度,风机再将冷空气送入车厢,从而达到车内降温的目的。

4）储液干燥器

存储制冷剂、过滤杂质、吸收湿气。

5）膨胀阀

如图7-16所示,膨胀阀将中温高压的液体制冷剂节流,使其成为低温低压的湿蒸汽。这一过程有助于制冷剂在蒸发器中吸收热量,从而达到制冷效果。

汽车空调的制冷过程涉及四个基本步骤,分别是压缩、冷凝、膨胀(节流)和蒸发,如图7-17所示。以下是这四个基本步骤的详细介绍:

（1）压缩过程:压缩机吸入蒸发器出口处的低温低压的制冷剂气体,将其压缩成高温高压的气体。

（2）冷凝过程:高温高压的过热制冷剂气体进入冷凝器,通过与外部空气进行热交换,将热量散发到大气中,从而冷凝成液态。

图 7-15 汽车空调蒸发器

图 7-16 汽车空调膨胀阀

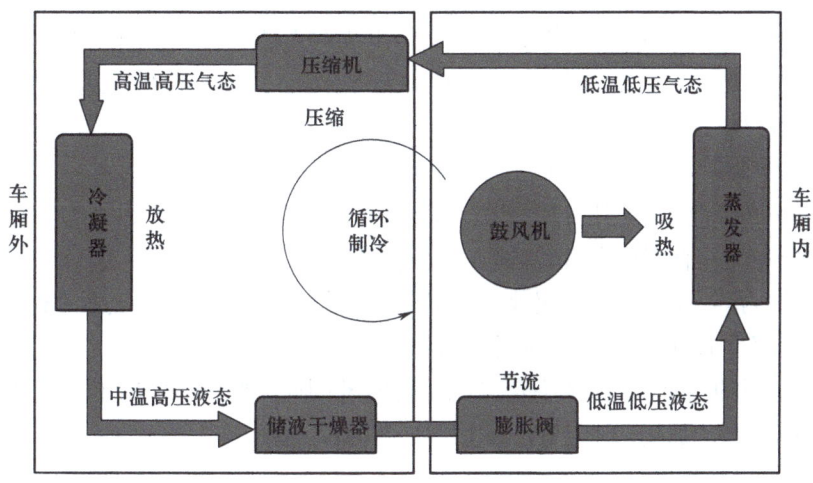
图 7-17 汽车空调制冷过程

（3）膨胀过程（节流过程）：液态制冷剂通过膨胀阀时，体积变大，压力和温度急剧下降，变成低温低压的雾状制冷剂。

（4）蒸发过程：低温低压的雾状制冷剂进入蒸发器，在此过程中吸收周围空气（车内空气）的热量，从而蒸发成低温低压的气态制冷剂。

这四个过程形成一个封闭循环，不断进行以达到降低车内温度的目的。

如图 7-18 所示，整车控制器控制空调的开启与关闭，空调控制面板，根据驾驶员的操作需求，发送 A/C 信号、冷暖选择信号，鼓风机信号到整车控制器。整车控制器同时接收空调压力开关，温度信号，通过 CAN 总线传输系统，发出指令使压缩机控制器驱动压缩机工作。同时，整车控制器控制冷凝风扇运转。

6）制冷剂

制冷剂既容易液化，放出热量，又容易气化吸收热量。空调系统依靠这种特性，让制冷剂在轿厢内吸热，在轿厢外放热，从而实现热量的转移。传统车用 R12 制冷剂又称为

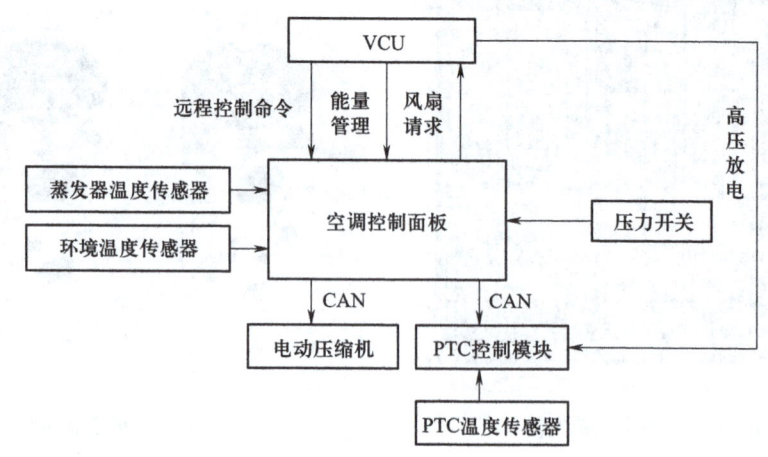

图 7-18 制冷控制系统

氟利昂,会破坏臭氧层,而且在明火下,R12 会生成对人体有害的物质。现售汽车配置的 R134a 型制冷剂是一种新型环保制冷剂,具有无毒、无色、不燃、不爆、热稳定性好等特性。最重要的是 R134a 制冷剂不会损害臭氧层。

7)汽车空调系统的使用维护注意事项

(1)维护必要性:保证其发挥最大效率,节约能源,延长使用寿命。

(2)维护方法:直观检查、运行检查、电气控制。

(3)维护内容:皮带(质量、松紧度)、冷凝器、蒸发器表面(清洁)、冬季保养(每星期运转 10min)、经常查漏(检漏仪)、润滑油量。

(4)维护时的注意事项:戴手套、眼镜;要通风;制冷剂妥善处理;制冷剂不能遇到明火;R12、R134a 不能通用;制冷剂容器不能加热、阳光直射。

2. 电动汽车制热系统结构与原理:

燃油汽车空调系统的暖风热源主要是发动机工作产生的热量,而电动汽车由于没有发动机或发动机控制策略受限,所以不得不寻求新的制热方案,电动汽车制热效果图如图 7-19 所示。

图 7-19 电动汽车汽车制热系统

电动汽车空调系统常见的制热方案有热泵和 PTC 加热器两种,我们主要介绍 PTC 加热系统,它的工作原理类似于电热丝制热,如图 7-20 所示。

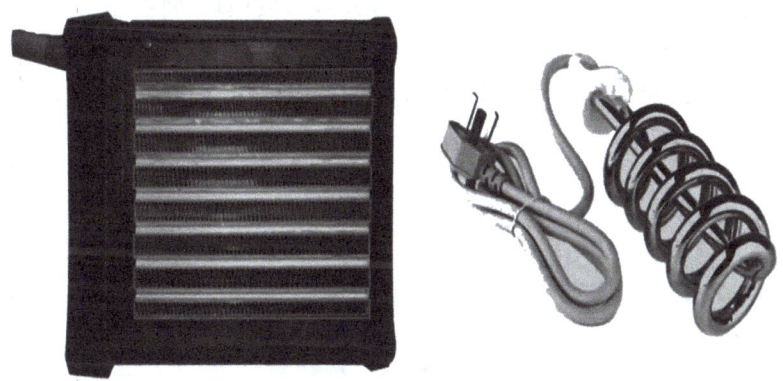

图 7-20　PTC 加热器

供暖系统构造:纯电动汽车供暖系统是由 PTC 加热器、PTC 温度传感器、PTC 控制器等部件组成。

PTC 加热器是由 PTC 发热单体和铝制散热器组成,如图 7-21 所示。PTC 加热器安装于通风系统的风道中,位于蒸发器的后方,流经 PTC 加热器的空气流量受到冷暖风门翻板的控制。PTC 加热器具有体积小、制热效率高的优点,是一种自动、恒温、省电、安全的电加热器。PTC 加热器突出特点在于其安全性能上,PTC 加热器是一个正温度系数的加热电阻,在起始加热阶段,PTC 加热器的电阻较小,PTC 加热效果明显,随着温度的上升,PTC 的电阻变大,加热电流变小,加热效果就会变差,这样可以有效保护 PTC 加热器的温度,能够根据自身特性有效自我控制。如遇鼓风机故障停转,PTC 加热器不能充分散热。其自身电阻值会随着温度的升高而快速升高,其功率急剧下降。使加热器表面温度维持在恒温 150℃上下,不会因为温度过高而引发火灾。

图 7-21　PTC 加热系统

PTC 温度传感器是一个正温度系数热敏电阻器。该温度传感器用于将 PTC 加热器的实时温度转化成电压信号,传送给 PTC 控制器。通过 PTC 温度传感器的反馈信号,由控制器实现对加热器发热量有效控制。

PTC 控制器集成在高压控制盒内部,对 PTC 加热器进行供电控制,精确控制 PTC 加热器的发热量。

北汽 EV 系列是通过空调控制器内的 CAN 总线收发模块,将控制指令发送给 PTC 控制器。PTC 控制器接受该指令,并对信号进行解析处理。根据内部程序存储器中的控制程序控制加热模块按照合适功率工作,并通过 PTC 温度传感器的温度反馈,监控 PTC 加热器的工作状态。

图 7-22　空调制热原理图

冬天的时候,人们普遍关心电动汽车取暖的问题,不少客户反映,开启暖风后,电动汽车续航里程明显下降。那么电动汽车制热真的很费电吗?燃油汽车暖风系统使用的热量是利用鼓风机将为发动机散热的冷却液热量导入车厢内。暖风关闭的时候,这些热量会自然散发入大气中。所以,燃油汽车开启暖风并不会增加油耗。电动汽车制热的机理完全不同,暖风的热源完全来自 PTC 发热器,热能需要全部由电能转化。PTC 元件功率一般为 1.5 ~ 3.5 kW,连续工作一个小时就要消耗 1.5 ~ 3.5 度。以北汽 EV160 汽车为例,电动车满电状态存储电量一般在 20 ~ 30 kV,也就是 20 ~ 30 度,实际续航里程为 160 km 左右。其实不论是续航里程短还是开暖风费电,本质问题是电动车动力电池蓄能不足。电动汽车之所以目前没有对燃油汽车取得决定性优势,关键还是动力电池容量、寿命、充电这些问题没有充分解决,还处在发展阶段。

学习任务

1. 信息(创设情境,提供资讯)

一台比亚迪 e5,空调系统出现故障,空调能够出风但是不制冷,请根据客户诉求排除故障。

诊断:先分析空调制冷系统的组成部分,根据工作原理梳理维修计划。

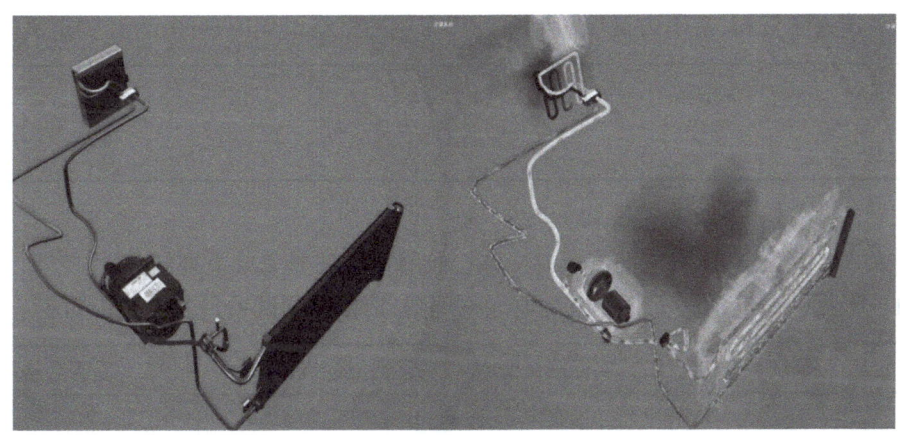

图 7-23 空调制冷系统故障

独立工作,搜集电动汽车制冷系统方面信息,完成以下任务。

(1)请查阅资料,阐述空调压缩机的结构和工作原理,并对空调压缩机的供电线路进行分析。

(2)请查阅资料,阐述此车型电子膨胀阀安装位置,并找到实物。

(3)请查阅资料,阐述此车型温度传感器、压力传感器安装位置,并在实车或台架上找到实物,并阐述其工作原理。

(4)请分析,此项目中需要实用何种工具进行检测。

(5)请查阅资料,阐述电动汽车制冷系统各个检测项目的检测方法,此项目中需要用到哪一种。

（6）请查阅资料，在下方区域绘制电动汽车制冷系统电气原理图，含针脚定义。

2. 计划（分析任务，制订计划）

个人/小组工作，根据电动汽车制冷系统故障检测任务完成下列任务。

（1）根据前面电动汽车制冷系统电气原理图，请拟定测试项目及参数说明表。

序号	测试参数	实际测试值	参考值	是否合格

（2）根据电动汽车制冷系统故障检测任务及电气原理图，制订实施检测步骤。

（3）请根据实训中心现场情况，列出电动汽车制冷系统检测操作全过程所需元器件及材料清单。

序号	名称	符号	型号	数量	规格
1					
2					
3					
4					
5					
6					
7					
8					

3. 决策（集思广益，做出决定）

个人/小组工作，根据电动汽车制冷系统故障检测及电气控制原理图完成任务。
（1）参照相关相关技术文件，请绘制各测量项目示意简图。

（2）参考工作计划模板,请制订电动汽车制冷系统故障检测项目小组工作计划表,确认成员分工及计划时间。下方记录工作要点。

序号	工作计划	职责	人员	计划工时	备注
1					
2					
3					
4					
5					
6					
7					
8					

4. 实施（分工合作,沟通交流）

（1）小组工作,按工作计划实施电动汽车制冷系统故障检测项目。

序号	行动步骤	实施人员	实际用时	计划工时
1				
2				
3				
4				
5				
6				
7				

（2）独立工作,选用万用表合适量程对电动汽车制冷系统进行检查。在下表中记录你常规检查的要点和结果。

步骤	检查关键点	测量方式	结果处理
1			
2			
3			
4			
5			

学习模块 7　辅助电气系统的结构与检修

续表

步骤	检查关键点	测量方式	结果处理
6			
7			
8			
9			

5. 控制（查漏补缺，质量检测）

（1）个人/小组工作，明确检测要素，及整改措施。

序号	检测要素	技术标准	是否完成	整改措施

（2）小组工作，检查各小组的工作过程实施情况。

检查项目	检查结果			需完善点	其他
	个人检查	小组检查	教师检查		
工时执行					
5S 执行					
质量成果					
学习投入					
获取知识					
技能水平					
安全、环保					
设备使用					
突发事件					

6. 评价（总结过程，任务评估）

（1）小组工作：将自己的总结向别的同学介绍，描述收获、问题和改进措施。

- 收获

- 问题

- 别人给自己的意见

- 改进措施

（2）请小组之间按照评分标准进行工作过程自评和互评。

班级		被评组名		日期			
指标	评价要素				分数	自评	互评
信息检索	是否有效利用网络资源、工作手册查找有效信息				5		
	是否有条理地去解释、表述、应用空调制冷系统知识				10		
感知工作	成员是否熟悉自己的工作岗位，认同工作价值				5		
	成员在工作中，是否获得满足感				5		
参与状态	成员与教师同学之间是否相互尊重、理解、平等、有效沟通				15		
	成员是否独立思考、能够倾听、协作分享				10		
学习方法	工作计划、操作技能是否符合规范要求				10		
	成员是否获得了进一步发展的能力				5		
工作过程	是否遵守管理规程，上课出勤和任务完成情况				10		
思维状态	是否能发现问题、分析问题、解决问题、创新问题				15		
自评反馈	是否能严肃认真地对待自评，并能独立完成自测试题				10		
总分数					100		
简要评述							

（3）请教师按照评分标准对各小组进行任务工作过程总评。

班级			组名		姓名		出勤		
	指标		评价要素		分数		评价标准		师评
一	信息	口述或书面梳理任务要点	1. 仪态表述自然、吐字清晰		15		仪态表述不自然、含糊扣5分		
			2. 工作页表述准确,思路清晰、层次分明				表述不准确、不清晰扣5分		
二	计划决策	制订工作计划并准备工具	1. 空调制冷系统故障检修计划切实可行		15		表述思路或层次不清扣5分		
			2. 制订计划及工具清单列举合理				计划及清单不合理扣5分		
		列出诊断流程图并检测计划	1. 故障诊断流程图逻辑清晰 2. 制订合理的工作计划		20		一处计划不合理扣2分		
三	实施	检修准备	1. 工具、电路图、辅材准备		2		每漏一项扣1分		
		检测操作	2. 正确选择工具、相关电路图及辅材		3		选择错误扣1分		
			3. 正确实施计划无失误（依据评分表）		15		与计划不符合视情况扣1分		
		现场	4. 在工作过程中保持5S、设备、工具、电路图、工位现场恢复整理		10		每出现一项扣1分		
四	控制	检查工作质量	正确检查诊断流程、具体检测部件、线路		10		自我正确检测工作步骤并分析原因,错1项扣1分		
五	评价	工作过程评价	1. 依据自评分数		5				
			2. 依据互评分数		5				
			合计		100				

复习提高

一、填空题

1. 汽车空调制冷的四个基本步骤是_____、_____、_____、_____。
2. 纯电动汽车制冷系统主要由_____、_____、_____、_____、空调压缩机组成。
3. 纯电动汽车PTC供暖系统是由_____、_____、_____等部件组成。

二、判断题

1. （　　）储液干燥器存储制冷剂、过滤杂质、吸收湿气。
2. （　　）制冷剂既容易液化，放出热量，又容易气化吸收热量。
3. （　　）PTC 温度传感器是一个正温度系数热敏电阻器。
4. （　　）严燃油汽车空调系统的暖风热源主要是 PTC 加热器工作产生的热量。

参考文献

[1] F. 劳瑞尔. 学习领域课程开发手册[M]. 北京：高等教育出版社，2018.
[2] 姜大源. 当代德国职业教育主流教学思想研究[M]. 北京：清华大学出版社，2007.
[3] 姜大源. 职业教育要义[M]. 北京：北京师范大学出版社，2017.
[4] 蔡跃. 职业教育活页式教材开发指导手册[M]. 上海：华东师范大学出版社，2020.
[5] 李仕生，杨俊伟. 纯电动汽车构造与检修[M]. 大连：大连理工大学出版社，2020.
[6] 孙建俊，谭逸萍. 高压安全防护与应急处理[M]. 北京：机械工业出版社，2022.
[7] 赵金国，李治国. 新能源汽车高压安全与防护[M]. 北京：人民交通出版社，2017.
[8] 姜丽娟，张思扬. 新能源汽车故障诊断[M]. 北京：机械工业出版社，2020.
[9] 徐旭升，胡敏艺. 新能源汽车动力电池、电机及混合动力系统检修[M]. 北京：机械工业出版社，2023.
[10] 刘福华，康杰. 新能源汽车结构原理与检修[M]. 北京：机械工业出版社，2023.
[11] 吴荣辉. 新能源汽车结构原理与检修[M]. 北京：机械工业出版社，2023.
[12] 闫亚林，苗胜. 新能源汽车维护与故障诊断[M]. 北京：人民交通出版社，2023.
[13] 包科杰，徐利强. 新能源汽车维护与故障诊断[M]. 北京：人民交通出版社，2017.
[14] 唐勇，王亮. 新能源汽车电气技术[M]. 北京：人民交通出版社，2017.
[15] 官海兵，朱军. 新能源汽车高压安全及防护[M]. 北京：人民交通出版社，2018.
[16] 赵振宁，柴茂荣. 新能源汽车技术[M]. 北京：人民交通出版社，2018.
[17] 廖向阳. 车载网络系统检修[M]. 北京：人民交通出版社，2017.
[18] 何宇漾. 新能源汽车构造与维修维护.[M]. 北京：清华大学出版社，2021.
[19] 李佳音. 新能源汽车构造原理与检测维修[M]. 北京：机械工业出版社，2018.